第三版

Taiwan

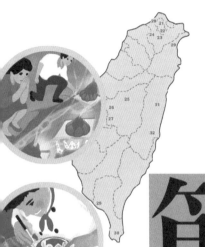

圖解

節慶
觀光 與 民俗

SOP標準流程
與案例分析

五南圖書出版公司 印行

自　序

筆者在 2012 年經過激烈的競爭，來到國立臺灣師範大學環境教育研究所服務，參與學校環境教育及環境安全衛生中心的事務，從東海大學景觀學系、中華大學休閒規劃與管理學系、觀光與會議展覽學士學位學程所修習來的經驗，一路走來，筆者試圖豐富環境教育的內涵，指導會展學程的學生如何蒐集鄉野資料，並且在臺灣師範大學公民教育與活動領導學系教授大學生的環境教育。這一本入門書《圖解：節慶觀光與民俗——SOP 標準流程和案例分析》，就是在師大任教這一段時間，在撰寫師大續聘最低門檻的研究成果（SCI、SSCI、EI 期刊）刊登之後，利用空餘閒暇時間所編纂完稿的一本通俗入門書。這本書以有趣的製作菜單、節慶活動流程，配合節慶小博士等圖片的說明，希望以「旅遊書的菜單（menu）」教學方式，搭配國內比較重要的 75 個節慶觀光與民俗活動，解析辦理節慶觀光活動的要領和秘訣。

在撰寫前一本入門書《圖解——如何舉辦會展活動》的時候，筆者就遭遇到許多困難。首先，實務經驗很難透過教科書或是標準作業流程（standard operation procedures, SOP）進行傳授。因為一本旅遊書，或是一個嶄新的節慶活動，一般來說，生命週期僅有三年，更何況，國內許多會展活動及節慶觀光活動可說是「五日京兆」，換了首長，節慶活動就換了一個名稱。為了迎合民眾喜新厭舊的口味，許多叫好不叫座的活動，甚至停辦、廢辦，以致於失去了傳承。筆者擔心的是，蒐集了 75 個節慶觀光與民俗活動，究竟在三年之後，還有多少活動會繼續存在呢？我們這一本書的定位，要成為一本新鮮可口、營養豐富的時尚書？還是一本陳年帳簿式，滿佈歷史灰塵的過氣書呢？筆者在蒐集地方民俗節慶時，最擔心的就是「失實」和「失時」。

我們了解，節慶觀光與民俗是地方凝聚在地共識的基石，可以從臺灣地方繽紛的節慶活動，觀察到地方派系、組織和團體的興衰，以及源自於地方庶民文化傳統以來血統、語言、宗教、生活、風俗及習慣中的七情六慾，包括民間的喜、怒、哀、樂、愛、惡、慾等表達方式。

　　在臺灣，傳統節慶大多是由宗族及鄉間組織扮演。但是經過工商業社會的洗禮之後，因為社會分工逐漸精緻，產生了許多新興節慶，甚至有許多原來民間的節慶習俗，也漸漸由公關公司所承攬辦理。這些造節運動現象，造成了許多宗族性非專業團體，由於社會不斷的分化，逐漸淡出歷史舞臺，演變成專業社團機構邀請公關公司等委辦單位來進行主導。

　　久而久之，傳統文化在新一代潮流之下，會不會逐漸式微？是否少數碩果僅存的常民文化，最後逐漸凋零，只剩下歷史文物及建築遺跡，供後人憑弔？許多文化的紀錄是否會逐漸消失，只剩下在博物館展覽，而失去臺灣古早庶民生活及農業社會絜淨精微、或是大而化之的澎湃氣象？臺灣社會不斷地向前邁進，因為道德衍生的文化自明性，一直以來愛護傳統民俗、建築和節慶活動，但是是否因為對岸中國大陸自中共建政以來，暴發戶式推倒古蹟，為興建新安江水庫（千島湖）淹沒浙江古城、興建三峽大壩淹沒三國古城，進行勞師動眾地大規模建設，投資開發出所謂的「新興觀光城鎮」。在中國海峽彼岸及亞洲各個國家衝高國內生產總值（Gross Domestic Product, GDP）的氛圍之下，臺灣不願屈居亞洲開發國家之後；試想，在最壞的局面中，面對諸多來臺陸客暴發戶貶抑臺灣林立的舊屋宇；或是看到村落鐵皮木造屋生活方式的鄙夷口氣之下，而自慚形愧，努力「破四舊、立四新」，營造所謂「仕紳高檔化」（gentrification）的「圈住環境」，導致臺灣引以為傲的「溫、良、恭、儉、讓」等文化氛圍，逐漸在亞洲經濟開發及全球化經濟提升 GDP 的惡劣競逐下，許多漢族和原住民人類傳統文明越來越形之式微？

　　我們不得而知。

因此，本書思考的是，我們的節慶活動，如何從傳統農閒節令慶典，演變至精緻化的市場行銷活動，這一段的行銷過程，確實讓人玩味。過去我們的節慶活動，提倡過節慶旅遊（Festival & Tour），例如：在率領外國旅遊團參加節慶之際，到日月潭、阿里山、太魯閣等地欣賞山光水色，再加上臺北故宮、名勝古蹟、夜市小吃，甚至以上所說村居部落進行探勘，就能夠對國內外的旅遊市場，產生在地化的吸引力。

節慶活動提供的旅遊產品，即是創造異國文化的體驗過程。許多節慶活動若能夠以精準的多國語言、文字加以翻譯，讓來臺參加節慶的國際友人，了解我國深厚之文化，可以讓活動更添生命力。本書撰寫之內容，是以《國際會議與會展產業概論‧第三章國際會展和節慶觀光》進行延伸。希望透過會展活動和節慶觀光活動產生聯結關係，藉由舉辦活動，提升參加民眾的國際觀、文化素養與公益關懷，以提升我國在國際會展觀光的無形利益。

這本書的資料，透過許多管道進行蒐集，並且融合了坊間節慶及旅遊最新的書籍內容。在去蕪存菁之後，淬鍊出來的一本好看的實用書。本書是作者應五南圖書出版有限公司觀光書系副總編黃惠娟小姐之邀，繼《休閒設施管理》、《生態旅遊》、《國際會議與會展產業概論》、《圖解——如何辦理會展活動 SOP 標準流程和案例分析》之後，為五南所撰寫的第五本專書。本書和《圖解——如何辦理會展活動》屬於姊妹系列書籍，都是將全部理論概念化，以容易了解的圖解書的方式，融合了節慶活動旅遊資訊，將基本知識和新知，以最淺顯的筆法撰寫。當然，因為圖解書需要前後圖文進行對照，以及版面幅度限制的原因，很多節慶活動細節的內容部分，筆者必須進行割捨，以傳達文字的精簡性和圖片的易讀性。期盼入門的讀者在選讀本書之後，可以輕鬆地跨過節慶文化產業活動所需要的門檻，並且順利地投入節慶活動產業的實務工作。

《圖解——節慶觀光與民俗》全書共分成七章，書中從春耕篇、夏耘

篇、秋收篇、冬藏篇的案例進行分析，感謝國立臺灣師範大學及中華大學的師長們及學生們的鼓勵和協助，懿德在百忙之中，精心核對及補充更新資料，以及惠娟再三地督促之下，本書才能順利出版。

方偉達
於臺北市興安華城
2018.1.25

關於本書二、三事

本書的功能

　　圖解旅遊書的功能　　本書以編目的方式，提供春、夏、秋、冬的旅遊行程，以中華傳統節日、地方宗教慶典、地方新興產業觀光活動、原住民祭典活動進行分類，將近年來所發生的 75 個重要節慶活動進行四季分析，說明節慶活動的內容、景點、交通及住宿，並且搭配一張臺澎金馬的節慶地圖，四張臺澎金馬的四季節慶地圖，說明節慶發生的地點及季節，以茲查考。

　　圖解教科書的功能　　本書從第一篇總論談到節慶活動和文化、社會及教育關係，在理論分析之後，依據實例將節慶活動的位置、圖片、慶典方式或民俗食物製作程序，進行四格插圖漫畫式的圖解，以增加教科書教學的趣味。為了加強議題延伸，本書最後一篇總結節慶的傳統由來，說明觀光歷史的故事，並且在附錄中搭配近年來節慶前仆後繼的興衰史，時間從 2006 開始追蹤到 2017 年。有的活動在交通部觀光局曾經宣揚過的節慶活動中，如同曇花一現；隨著縣市首長的政績起伏，最後在世人的記憶中淡忘。但是，值得我們肯定這些活動在短暫節慶生命史中的歷史意義和價值；畢竟，這些活動都是花費納稅義務人的血汗錢而辦的「造節」活動，這些活動場所，也都是曾經在臺灣政壇呼風喚雨的政治人物當年宣揚政績、營造勝選氛圍的角力場域。

本書的用法

　　本書可以搭配節慶觀光、節慶民俗，以及文化創意產業的課程進行教學，其特色在於理論課程僅占據教學的部分時數；絕大部分的時數，建議教師們可以運用校外教學、進行分組案例分析，以及期末集體分享成果

的方式，教導學生如何進行節慶活動的籌畫，以及進行節慶觀光導覽活動。作者建議學生在修習課程之後，加緊練習，並且報考導遊領隊證照、會展人員證照，甚至進入環境教育的領域，取得環境教育人員證照，以投入到節慶活動的規劃、設計、服務、經營、管理的實務工作。

架構

一、理論架構

二、實務架購

編號

1. 觀光節慶名稱。

2. 活動位置。

3. 活動分類：☑中華傳統時令節日　　☑地方宗教民俗慶典　　☑新興產業。

　　觀光活動：☑原住民祭典活動。

4. 活動內容。

5. 導遊指引：一句話介紹本活動最引人入勝之處。

6. 景點：景點以 100 字說明。

7. 相關社團、名稱、地址、電話。

8. 交通：自行開車、搭乘大眾運輸（自行開車以高速公路下交流道為準，搭乘大眾運輸以高鐵、臺鐵、臺汽為準）。

9. 住宿：名稱、地址、電話。

10. 查閱 2013 年是否舉辦？☑舉辦　　☑不舉辦　　☑不確定。

11. 查閱 GOOGLE MAP 及 GPS 活動點位地圖。

12. 查閱相關節慶的出處／參考資料／網路新聞。

本書人物介紹

節慶小博士 	「節慶小博士」，是臺灣節慶活動的歷史專家，對於節慶活動發生的起源、歷史、文化、民俗，如數家珍。節慶小博士要向大家說聲抱歉的是：他不是唸相關領域的學位畢業的。節慶小博士就像是擅長於地方植物誌的「田中博士」，專長在於地方博物學及地方民俗誌集的演繹，其論述的過程，充滿了對於部落智慧（tribal knowledge）的活動想像。
節慶小金童 	「節慶小金童」，其誕生過程，如同「長官下凡」。在漢人天界傳聞中，本書中的金童是天界玉皇大殿、三清殿等神殿座旁侍前童子，也是受到天界神明衛護的王母娘娘的契孫。在人間誕生之後，被賦與承先啟後、繼往開來的使命，需要進行及完成漢人傳統歷史文化及現代科學中難以為繼、無法解釋的「天、人斷層聯結」。
節慶小玉女	「節慶小玉女」，依據道教的說法，凡是天上神仙所住的天界，都有金童和玉女伺候。道教的玉皇大殿、三清殿等神殿座旁，或是佛教的觀世音菩薩座旁，都有金童和玉女隨侍。本書中的玉女，聰明知曉、善解人意，在道教稱為小仙女，擔負起漢人世界的人間和天界的文化資訊傳遞使者。

75個臺灣節慶活動總圖（一年四季）

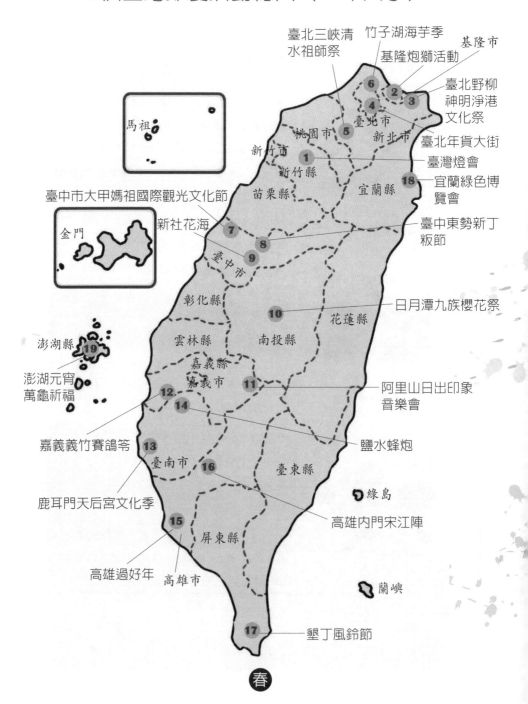

臺北三峽清水祖師祭　竹子湖海芋季　基隆市
基隆炮獅活動
臺北野柳神明淨港文化祭
臺北年貨大街
臺灣燈會
宜蘭綠色博覽會
臺中東勢新丁粄節
日月潭九族櫻花祭
阿里山日出印象音樂會
鹽水蜂炮
高雄內門宋江陣
墾丁風鈴節

馬祖
金門

臺中市大甲媽祖國際觀光文化節
新社花海

澎湖縣
澎湖元宵萬龜祈福

嘉義義竹賽鴿笭

鹿耳門天后宮文化季

高雄過好年

桃園市　臺北市　新北市
新竹市
新竹縣　宜蘭縣
苗栗縣
臺中市
彰化縣　花蓮縣
雲林縣　南投縣
嘉義縣
嘉義市
臺南市　臺東縣
屏東縣
高雄市

綠島
蘭嶼

春

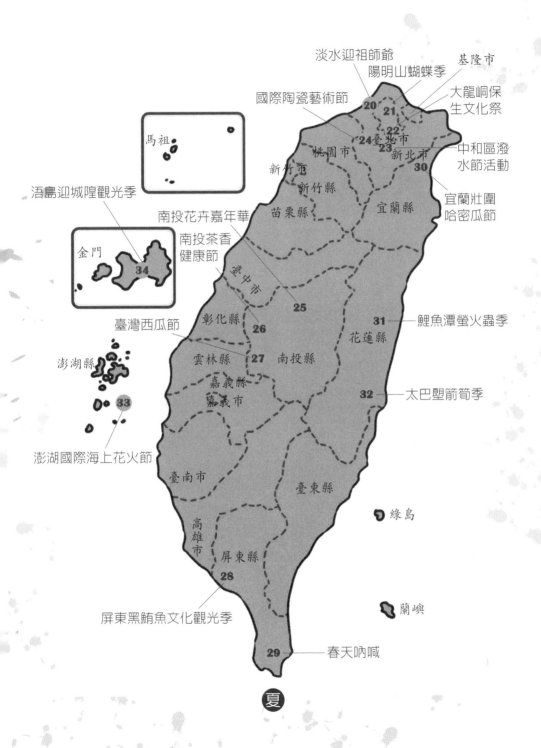

淡水迎祖師爺
陽明山蝴蝶季
基隆市
國際陶瓷藝術節
大龍峒保
生文化祭
20
21
22
24 臺北市
23 新北市
中和區潑
水節活動
30
桃園市
新竹市
新竹縣
苗栗縣
宜蘭縣
宜蘭壯圍
哈密瓜節
馬祖
南投花卉嘉年華
南投茶香
健康節
洨島迎城隍觀光季
金門
34
臺中市
25
鯉魚潭螢火蟲季
31
臺灣西瓜節
彰化縣
26
花蓮縣
雲林縣
27 南投縣
太巴塱箭筍季
32
嘉義縣
嘉義市
澎湖縣
33
澎湖國際海上花火節
臺南市
臺東縣
綠島
高雄市
屏東縣
28
蘭嶼
屏東黑鮪魚文化觀光季
29
春天吶喊

夏

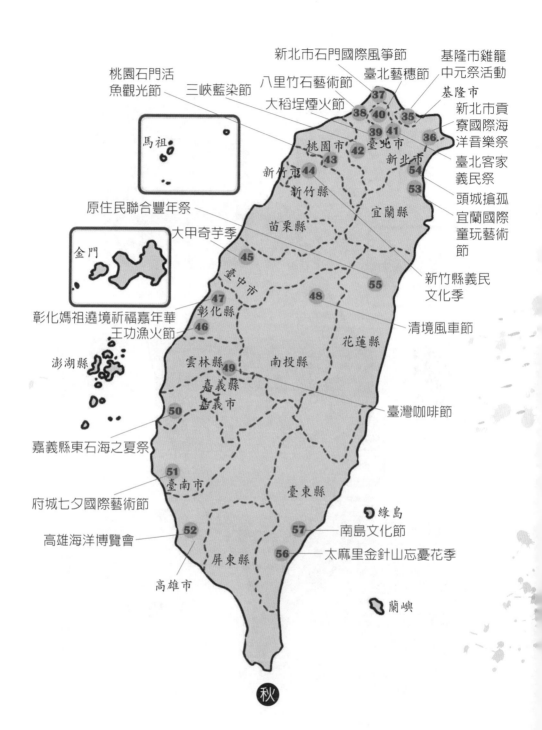

新北市石門國際風箏節
臺北藝穗節
基隆市雞籠
中元祭活動

桃園石門活
魚觀光節
三峽藍染節
八里竹石藝術節
大稻埕煙火節
基隆市
新北市貢
寮國際海
洋音樂祭

馬祖

37
38 40 35
39 41
臺北市 36
桃園市
42 新北市
43 臺北客家
義民祭

新竹市 44
新竹縣
宜蘭縣
54
53
頭城搶孤
宜蘭國際
童玩藝術
節

原住民聯合豐年祭
大甲奇芋季
苗栗縣

金門

臺中市
45

彰化媽祖遶境祈福嘉年華
王功漁火節
47
彰化縣
46

55
新竹縣義民
文化季

48
花蓮縣

清境風車節

澎湖縣
雲林縣 49
南投縣

嘉義縣
嘉義市
50

臺灣咖啡節

嘉義縣東石海之夏祭

51
臺南市

臺東縣

府城七夕國際藝術節

綠島

52
高雄海洋博覽會
屏東縣
57

56

南島文化節

太麻里金針山忘憂花季

高雄市

蘭嶼

秋

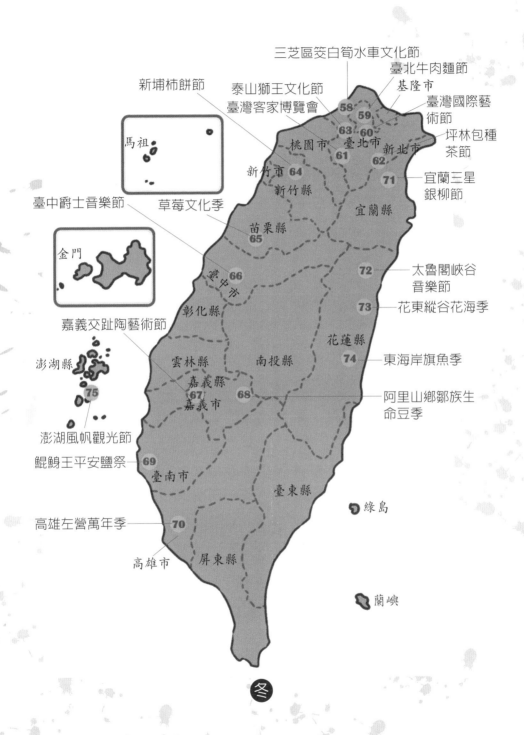

新埔柿餅節

三芝區茭白筍水車文化節

臺北牛肉麵節

泰山獅王文化節
臺灣客家博覽會

基隆市

臺灣國際藝術節

坪林包種茶節

58
桃園市 59
臺北市 60
63
新北市
61
62

宜蘭三星銀柳節
71

馬祖

新竹市 64
新竹縣

臺中爵士音樂節

草莓文化季

苗栗縣
65

宜蘭縣

金門

臺中市 66

太魯閣峽谷音樂節
72

彰化縣

花東縱谷花海季
73

嘉義交趾陶藝術節

澎湖縣

雲林縣

南投縣

花蓮縣

東海岸旗魚季
74

嘉義縣
嘉義市 67

68

阿里山鄉鄒族生命豆季

75

澎湖風帆觀光節

鯤鯓王平安鹽祭 69
臺南市

綠島

臺東縣

高雄左營萬年季 70

高雄市
屏東縣

蘭嶼

冬

第一章

時令節慶總論

天地風霜盡，乾坤氣象和；

歷添新歲月，春滿舊山河。

梅柳芳容徙，松篁老態多；

屠蘇成醉飲，歡笑白雲窩。

── 明・葉顒《己酉新正》

信仰，象徵著傳統華人的價值觀

民俗節慶和神明誕辰、成道和祭祀典禮有關

依據傳統儒、道、佛及民間信仰元素所舉辦的民俗節慶，主要和神明誕辰、成道和祭祀典禮有關。也就是說，祀典和傳統文化中多神崇拜的人文、自然的價值觀，有著密切的關聯性。

在節慶項目中，節慶多半具有從個人的「祈福」、「延壽」、「消災」、「解厄」、「求官祿」、「求財帛」，到求取家庭生活順遂的「求姻緣」、「求子息」、「求父母康泰」及「求闔家平安」的世俗價值有關。上述所說的信仰，象徵著傳統華人慎終追遠、敬天畏神、求神拜佛，以及飲水思源的傳統道德觀念相連。

有鑑於目前節慶活動具備商業化時代性格，然而缺乏文化元素的地方產業，也無法建立在地節慶的特色。因此，如何搭配在地元素，建立民俗節慶神聖的「符號」，為本章討論的重點。我們以社會學觀點，對於近年來缺乏正當性的節慶活動，進行社會現象的分析。

1. 古代節慶源於觀光

在中國古代，節慶和時令、祀典有關，透過前人針對甲骨文、易經及先秦史料的考證，我們可以理解觀光和節慶之間的關聯性。

我們以殷墟甲骨文為探討案例，「觀光」兩字起源於早期的節慶概念。觀光也是古漢語用詞，很早就出現於中國古代典籍《易經》，這是歷代典籍最早有觀光字詞的記載。

《易經》在觀卦六四爻辭上說：

觀國之光，利用賓於王。

易經《象》也說：「觀國之光，尚賓也」。「賓」就是「仕」，也就是做官的意思。

古代有德行的人，天子以賓客的禮儀招待，所以說賓。這個卦屬陰爻「六四」，最接近陽爻「九五」。「九五」象徵陽剛、中正和德高望重的君王，所以「六四」陰爻可觀看到君王德行的光輝。孔穎達（公元前 574～648）在《周易正義》解釋為：「居在親近而得其位，明習國之禮儀，故曰利用賓于王庭也」。有關「觀國之光」的故事，請參見附錄一（p.244）。

中國人是喜歡趨吉避凶的民族

「陽數好日」（單數好日）到了後來，變成了「陰數好日」（雙數好日）

　　以傳統民俗節慶來說，中國人（含臺灣人、香港人、澳門人、新加坡人，或其他華裔國家）是喜歡趨吉避凶的民族。臺灣先民源於中國福建、閩、粵一帶，祖先多為明清早期漢人移民。分析早期傳統節慶活動，保存許多漢人傳統的時令觀念和祭祀文化。到了今天，臺灣人民持續依據傳統歲時節慶的生活規律，渴望藉由神明和歷代祖先的護佑，藉著虔誠的信仰和宗教活動，獲得神明的加持與福佑。

　　從先秦開始，中國古代歲時節慶，大多由自然節氣的年度循環而產生，這也是中國歲時觀念的人文概念。經過歷史的傳承，從唐代開始，有關四時節令的規定很多，從統治者的服儀、禮態、儀典等，到建築、都市營造，甚至到四季養生都有時令的觀念。

　　節慶和節氣有關，這是漢人農業文化特殊的現象。我國以農立國，在傳統社會中，農民多喜用農曆（民間俗稱為舊曆），並依此為民俗節慶及耕種等農時的準繩。雖然我國自民國元年即採用世界通行的陽曆作為國曆，但是一般民眾仍以農曆作為時令及重大節慶的依據。並依循農曆所沿習之 24 節氣，進行一年中的春耕、夏耘、秋收及冬藏的農耕及節慶活動。民間農曆則包括了吉凶、占卜、禁忌、節慶等內容。例如七夕節選在七月七日，七這個字在古代易經卜筮中屬於陽爻數字，是吉數。選擇「七」這個數字，和現今單雙數的概念不同，是基於出古人喜歡選擇月日相同的陽數，作為節慶日令的習慣。這些概念，反映到春節、夏至、中秋及冬至的日子選定的「陽數好日」（單數好日）的理念中，都是一、三、五、七、九等數字。

3.節慶活動的根源

市集廟會是最早的節慶活動場所之一

「節」（Festival）、「會」（Fair）擁有市集、廟會、展售、展覽等造節形式

　　節慶是中華文化中，時令循環的節日根源。自古代中華文明到現代的臺灣，時令節慶和人民的生產、生活和生命聯繫，擁有著密不可分的臍帶關係。

　　節慶一詞，包含了來自於傳統生活習慣到現代文化演進的遺跡。古代《周禮・考工記》中規定，匠人營國需要方九里，還要講究「左祖右社、面朝後市」。這裡所謂的國都城市為正方形，長寬為九里，左邊設置祖廟，右邊設置為社稷壇，前面是朝廷辦公的宮廷，後方則是交易的市場。

　　最早的「城市」，即使不是因為商品交易而形成的市集，要不然就是統治階層營造的首邑。因此，城市的形成和節慶經濟有著直接的關係。

　　在中國 2000 多年前，《呂氏春秋・勿耕》中便有「祝融作市」的記載。《初學記》引用了《風俗通》的市井含意，說明了「市」又稱為「市井」，古代人民設置市集在井水的旁邊，以便於洗滌和交易。演變到了近代，形成市、集、廟會等多種市場交換的形式。

　　在廣義的節慶中，包含了傳統節慶和「造節」活動。這些造節透過過去的傳統節慶，衍生出新的節日意義，發展成「節」（Festival）、「會」（Fair）（市集、廟會、展售、展覽）等活動形式；另外依據會展的定義，發展成活動（Event）的概念。

　　這些活動，是根據傳統民俗慶典活動、地方新興產業觀光活動、運動競技活動、商業博覽活動及其他特殊項目活動而形成。

4.臺灣節慶活動的分類

臺灣節慶充滿了多元文化的象徵

中華傳統節日、地方宗教慶典、地方新興產業觀光活動、原住民祭典活動

在傳統文化中，十大節慶延續到了現代，成為全球華人共同的集體記憶和鮮明的過節意象。例如說，在古代中國，春節、夏至、中秋和冬至是要放假的。

我們透過傳統中國人對於節慶的觀念，分析出節慶和觀光密不可分的關係。尤其中國古代社會傳統民俗節慶（春節、夏至、中秋、冬至）到現在的春節、元宵、端午、中秋等節日，歷經了文化傳承及歷史演進的痕跡。

在臺灣，因為以來自中國的漢人文化為主體，目前臺灣的主要節慶活動，仍以時令節慶及宗教民俗為主。然而，因為臺灣民族具備多元及包容性，自目前臺灣傳統的節慶活動來看，仍充滿了多元文化的象徵。例如：民俗節慶中，至今包含著中華傳統節日、地方宗教慶典、地方新興產業觀光活動及原住民祭典等四大類：

1. 中華傳統時令節日：春節、元宵（臺灣燈會、臺北燈會、高雄燈會、臺中燈會、桃園燈會）、清明、端午（鹿港慶端陽）、中元（雞籠中元祭、宜蘭水燈節）、中秋等節日。

2. 地方宗教民俗慶典：臺北平溪天燈、臺南鹽水蜂炮、高雄內門宋江陣、宜蘭頭城搶孤、臺東炸寒單、媽祖遶境祈福、全臺各地廟會等活動。

3. 新興產業觀光活動：茶藝博覽會、三義木雕節、黑鮪魚文化觀光季、客家桐花季、大稻埕國際藝術節、鯤鯓王平安鹽祭、高雄左營萬年節、宜

蘭七夕情人節等活動。

4. 原住民祭典活動：阿美族豐年祭、賽夏族矮靈祭、布農族打耳祭、卑南族猴祭、鄒族戰祭等。

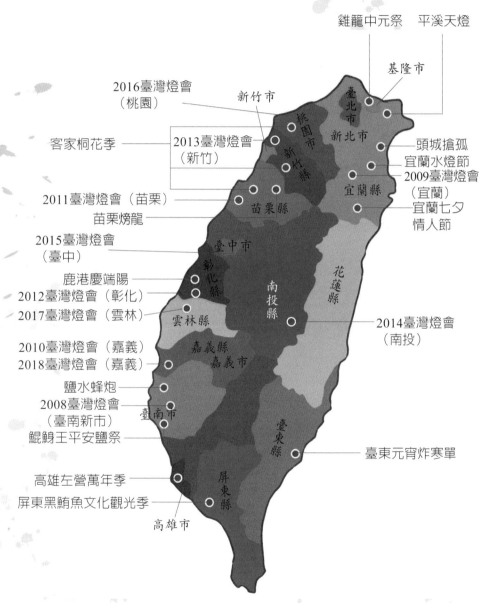

圖 1-1　臺灣主要傳統節日、地方民俗慶典及新興觀光節慶活動示意圖

目前節慶活動，涵蓋到中華傳統節日、地方宗教慶典、地方新興產業觀光活動、原住民祭典活動。我們舉辦節慶的時候，透過地方性行動，可進行全球化思考。在活動舉辦之前，事前建立於網路系統中，以利於中、英、西、日語的觀光客，在全球觀光系統活動中，進行實質的搜尋，以廣邀全球的觀光客前來共襄盛舉。

節慶
小博士
——————

地方節慶如何推向全球觀光系統所涵蓋的活動？

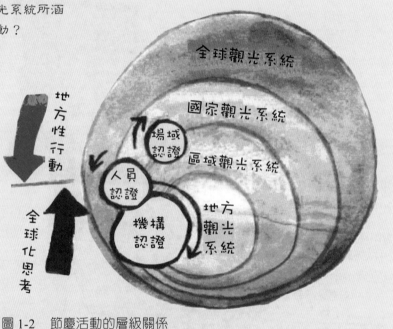

圖 1-2　節慶活動的層級關係

5.臺灣節慶的發展

既年輕，又古老的造節活動

深層聖日 vs. 淺碟節日

　　在臺灣，傳統節慶是由宗族及鄉街組織扮演。但是，在臺灣邁向工商業社會之後，因為社會生產力發展所帶來造節運動現象，最後導致宗族性非專業團體藉由社會分化，演變成為專業社團機構在主導。

　　此外，由傳統農閒節令慶典，演變至精緻化市場行銷包裝活動，產生有識者對於傳統深層文化價值回溯上的困惑。有鑑於目前節慶活動具備商業化時代性格，我們以社會學觀點，對此一社會現象進行近年來節慶活動分析，如臺灣燈會、平溪天燈、鹽水蜂炮、客家桐花祭、鹿港慶端陽、雞籠中元祭、頭城搶孤、宜蘭七夕情人節、中秋節、鯤鯓王平安鹽祭、高雄左營萬年季、東港黑鮪魚文化觀光季等活動，發現由於休閒價值的演變，現在臺灣造節運動，具備了多元異質現象、地方文化特色、商業工具性格，以及媒體參與行銷的符號特性。

　　思考傳統節慶意義的日益模糊化，有識之士也提出深層聖日（deep holy days）與淺碟節日（shallow holiday）的反省。因此，節慶觀光與民俗，在時代不斷的演進之下，需要培養專業人才，並且以教育訓練的方式，進行系統化的人才組織，以提供深層聖日的文化反思。

節慶
小博士
────────
節慶教育的典範
轉移

簡單來說，推動節慶深層聖日的典範轉移（paradigm shift），需要在節慶教育中注意下列的內涵。本書進行下列教學概念的整體思考，並且依照內容順序，在本篇依序進行圖表說明。

1. 教學人才
2. 教學資源
3. 教學趨勢
4. 教材內容
5. 教學組織
6. 教學場域
7. 媒體行銷

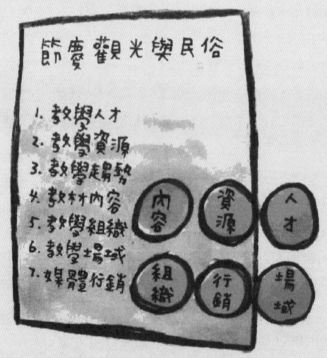

圖 1-3　節慶觀光與民俗的七大教學項目

第二章

民俗節慶與造節活動

爲問元宵意若何，千金難買一時多。

此生此夜不長好，明月燈光盡錯過。

人說中秋景最幽，元宵美景勝中秋。

可憐玉漏頻相迫，明月燈光不肯留。——清·黃敬（？—1888）《詠上元夜》

打造地方節慶、重塑歷史範型
造節在於建立在地文化，凝聚社區意識

　　造節活動不同於傳統節慶。傳統節慶是在一段時間之內，經過歲月累積醞釀而逐漸成形的活動；造節是出於刻意營造及不斷地建構，而產生的新興活動。

　　透過節慶活動的舉辦，地方政府除了以豐富的旅遊資源、觀光基礎設施、觀光活動內容，以吸引遊客之外，觀光局也希望地方觀光產業進行旅遊景點串聯，規劃套裝遊程，爲地方觀光產業創造更多的商機。

　　目前造節活動多數由政府主辦或補助，並由許多非專業的顧問公司承接活動。然而，運用精緻化市場行銷包裝，只求活動的光鮮亮麗，忽略了文化底蘊，產生有識者對於傳統深層文化價值回溯上的困惑。

　　但是，從甲骨文中的考證，觀光具有歷史典範（historical prototype）的符號意象，而且觀光最初的意義，即是慶典、祭祀及文化傳承的象徵。有鑑於目前節慶活動具備商業化時代性格，我們以歷史考古及文化社會學觀點，對此一社會現象進行近年來造節活動的分析和批判。

1. 臺灣造節活動分析

臺灣節慶促進地方經濟繁榮

保存傳統民俗，形成造節風潮

　　依據交通部觀光局彙整 2006～2017 年的觀光節慶資料顯示（詳見本書的附錄三）（p.252），過去臺灣依據官方文書記載，主要在 1～3 月舉辦的地方觀光節慶活動共有 19 項；4～6 月舉辦的活動有 15 項；7～9 月舉辦的活動有 23 項；10～12 月舉辦的活動有 18 項。這些活動大略可區分為：傳統時令節慶、宗教民俗慶典、新興產業觀光活動、原住民祭典等四大類，這些活動大體具有下列特色：

1. 促進地方經濟發展，提供民眾更多的休閒選擇

　　地方特殊產業結合觀光時令，以觀光開發、遊程設計及文化導覽解說的方式，吸引遊客前來參觀遊覽，以能增加觀光收益。以元宵節燈會為例，交通部觀光局所辦的臺灣燈會在公元 2000 年以前，只在臺北市舉行（也就是時稱的臺北燈會），2001 年起因陳水扁總統的指示，移師高雄市舉辦之後，成為巡迴各縣市舉辦的節慶活動，使臺灣各地居民都有機會在家鄉欣賞燈會。之後，有些舉辦過臺灣燈會的縣市，繼續自行舉辦燈會，例如說高雄燈會、臺中燈會等，使得臺灣元宵節處處有燈會、煙火等活動供民眾參與，讓民眾的休閒機會更為豐富。

2. 透過節慶活動之舉辦，保存當地的傳統民俗節慶

　　傳統節慶活動多數源於農業社會，當社會變遷為工業化都市化的社會結構時，傳統民俗活動就面臨到式微的威脅，宗教信仰也一樣。然而，由於發展觀光產業的需要，逐漸式微的傳統民俗活動，成為創造地方文

化觀光魅力的題材，而被重新重視，並發展成爲觀光節慶活動。一方面可以發揮招攬觀光客的作用，另一方面則可以有效地保存了傳統民俗活動。例如說，雞籠中元祭、宜蘭水燈節、臺北平溪天燈、臺南鹽水蜂炮、高雄內門宋江陣、恆春及頭城的搶孤、臺東炸寒單、媽祖遶境祈福，以及原住民的祭典等活動，皆是著名的案例。

3. 新興的產業觀光活動也是以倡導節慶爲名，形成各地的造節風潮

發展觀光產業已經是目前臺灣各縣市推展經濟的共同策略，即使是農業或工藝產品的促銷，也是以結合觀光的手法來進行宣傳行銷。於是，各地紛紛舉辦促銷產品的觀光活動，並冠以節慶的名義，一時之間，臺灣到處有節慶活動的舉辦。大型的活動包括茶藝博覽會、三義木雕文化節，小型的活動包括各地的水蜜桃季、陽明山海芋季、白河及桃園蓮花季、大湖草莓季、東海岸旗魚季等，不勝枚舉。而且，這種造節風潮持續不斷，雖然有些活動後繼無力，但卻不斷地有新興活動冒出來，前仆後繼。

節慶觀光，需要依據系統規劃理論，進行觀光系統分析。本書彙整了交通部觀光局近年來彙整的觀光節慶資料，運用節慶觀光系統規劃理論，以進行目標研擬、規劃方案研擬，以及規劃方案評估事項。

節慶
小博士
───────
如何進行節慶觀
光系統規劃？

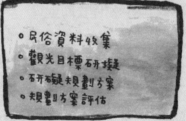

節慶觀光系統規劃理論
System Planning Theory

○民俗資料收集
○觀光目標研擬
○研擬規劃方案
○規劃方案評估

圖 2-1　節慶觀光需要以系統規劃的概念進行理論實踐

2.臺灣造節活動特色

地方型觀光節慶活動在1,300個以上

多元異質、地方特色、商業性格、媒體行銷

　　節慶地方的收入對活絡地方產業，具有實質的效益。在 2006 年，交通部觀光局在「觀光客倍增計畫」之中，依據「臺灣暨各縣市觀光旗艦計畫」，將代表全國性觀光形象的 5 大旗艦觀光活動，以及各縣市具備代表性的旗艦觀光活動，共計 16 項進行了行銷宣傳。依據交通部觀光局統計資料顯示，長期永續發展的節慶活動估計有 90 個以上，詳見於附錄二（p.247）；但是，實際地方型觀光節慶活動根據統計，應該在 1,300 個以上。相較於地大物博的中國大陸，動輒節慶活動在 5,000 個以上，臺灣要達到「節慶之島」的目標，尚有許多發展的空間。

　　在分析近十年來的活動顯示，發現臺灣節慶的造節運動有下列現象：

1. 多元異質現象

　　臺灣的節慶活動多元異質性強，雖然提供地方民眾不同的活動饗宴，但是因為地方民眾參與性較高，容易喜新厭舊，活動經常要配合民眾的需求而辦理，活動名稱經常改變，經常有新穎的活動產生，這種作法不利於創造節慶的永續性。對於招攬國外觀光客來說，缺乏建構旅遊歷史（travel history）的誘因和意象。

2. 地方文化特色

　　節慶活動離不開文化，因此，豐富的文化意涵才是吸引觀光客的誘因。地方特殊文化經常具備地方認同（place identify）、地方差異（place diversity）和地方旅遊產業（place tourism industry）發展的屬性。為了

提高文化地區的知名度，吸引力及增加地方收入，活動內容涵蓋傳統民俗、宗教、藝術、音樂、社區采風及地方特產等。例如：鶯歌陶瓷嘉年華、竹塹國際玻璃藝術節、苗栗國際假面藝術節、東港黑鮪魚文化觀光季、白河蓮花節、府城七夕國際藝術節、宜蘭國際童玩藝術節、花蓮國際石雕藝術季等活動。

3. 商業工具性格

節慶活動凝聚地方經濟、社會文化，以及政治參與（如選舉）等活動。藉由商業活動創造商機及地區就業機會。因此，節慶活動可以被視為一種地方產業的商業工具塑造行為。在旅遊資源較為缺乏的地區，以創意行銷產業列為人為觀光吸引力（tourism attraction）的主要因素。

4. 媒體參與行銷

近年來，臺灣的節慶活動琳瑯滿目，正是所謂的「週週有活動，月月有盛會」的情況。在此情勢之下，節慶活動如果沒有新聞媒體的廣告宣傳，想要吸引人潮參與實在是不容易。因此，時下的各種活動，大都透過公關公司，或是活動行銷公司企劃辦理，以便於規劃吸引媒體注意有興趣報導的活動及話題。甚至有些商業性的節慶活動還與媒體相互結合，進行利益分享式的行銷合作，彰化縣政府舉辦的花卉博覽會，即是最具代表性的案例。

節慶
小博士

根據民俗活動的特性，如何規劃節慶教材內容？

節慶活動具備多元異質、地方特色、商業性格、媒體行銷的色彩，但是根據造節活動的特性，規劃節慶教材內容，更需要了解其民俗、文化哲學、社會倫理和公民教育的幕後背景。

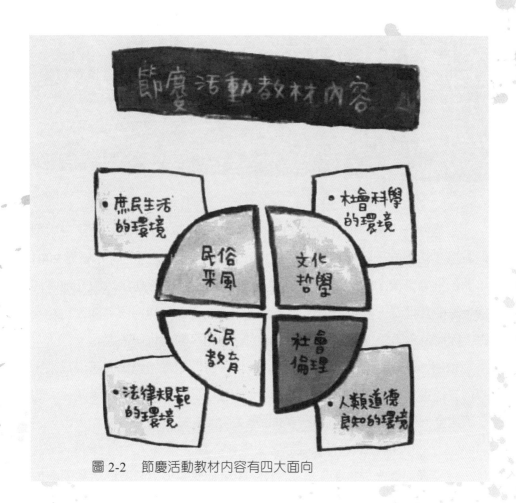

圖 2-2　節慶活動教材內容有四大面向

3. 臺灣造節活動特色

　　通過觀光產業的生命週期（life cycle）來驗證，十年來臺灣部分大型地方節慶活動的國際化和永續性值得我們關注。以交通部觀光局從 2001 年開始推動臺灣 12 項大型地方節慶活動為例，這個活動係以觀光地區周邊景點配套推廣，目的在強化地方節慶活動的內涵，作為國際觀光行銷基礎，因此特別著重促進地方節慶活動的產品化、觀光化與國際化。

　　依據 2003 年觀光年報資料，2003 年一月開始實施國民旅遊卡以來，國內旅遊邁向新的里程碑。以 12 項大型地方節慶活動「臺灣慶元宵」的臺灣燈會為例，估計參觀民眾有 540 萬人次。在二月份來臺觀光人數，達 259,966 人次，創歷年單月來臺旅客人數新高點。

　　在交通部觀光局推動 12 項地方節慶活動期間，臺灣造節活動朝向地方產業觀光化發展。例如，每年易地辦理臺灣燈會，將中央單位籌辦經驗傳承至地方政府。以臺灣首度規劃 12 項大型地方節慶觀察，有下列特色（附錄二）（p.247）：

1. 地方授權化：強調地方政府參與，地方政府以舉辦節慶活動，列為施政績效。

2. 在地觀光化：政府重視觀光產業，希望藉由觀光帶動經濟繁榮。例如：墾丁風鈴季、澎湖風帆海鱺觀光節，以及新港國際青少年嘉年華等。

3. 節慶產業化：以中長程規劃，透過觀光局管理、輔導及協助，結合社區營造的力量，產生新的地方產業活動，例如：臺灣茶藝博覽會等。

節慶活動是達成觀光目標最好的策略之一，也是提昇國人地方認同（place identify）、地方依附（place attachment）和生活品質（quality of life）的途徑。以交通部觀光局所規劃的「臺灣 12 項大型地方節慶」，2001 年共吸引 1,095 萬人次參與，增加觀光收益達新臺幣 32 億餘元；到了 2004 年臺灣節慶參與總人次為 2,010 萬人次，觀光收益 54 億元。

依據節慶觀光系統分析概念，我們進行臺灣造節活動特色分析，以了解活動認證、教育觀念，以及行銷的概念。

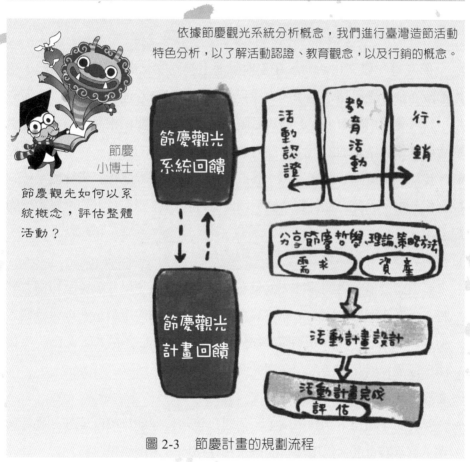

節慶
小博士

節慶觀光如何以系統概念，評估整體活動？

圖 2-3　節慶計畫的規劃流程

4. 節慶教育和會展管理

　　節慶是一種文化活動，在管理層面上視同文化商業活動。因此，舉辦節慶活動，應研讀市場學、人力資源管理、財務管理、景點規劃、節慶環境管理等。由於會展與節慶對於國家經濟的依賴關係相當密切，需要透過會展營銷戰略管理的概念，進行會展與節慶管理的會計、財務和成本控制，包括現金流動、財產管理、餐飲費用、人事成本進行資訊管理系統的控制和分析。因此，在針對會展與節慶管理中，需要進行下列專案範疇的釐清：

1. 會展與節慶策略管理

　　會展與節慶最大之關連性，就是在一定時間之下，以有限資源和物力，將一場盛宴辦好。因此，需要讓相關人員了解如何規劃、安排、組織活動及辦理博覽會等。管理策略需要探討會展和節慶的主要人員角色關係，以及會展和節慶產業在觀光發展的重要性。

2. 會展與節慶項目策劃和運作管理

　　會展與節慶項目策劃經緯萬千，需要以策略目標進行項目規劃，並且深入了解舉辦會展與節慶項目的分工和程序內容，例如說財務分析、營運監控、稅捐、管理結構、人力資源培訓，以及節慶社會原理。

3. 會展與節慶景點（MICE's festival attractions）策略管理

　　深入了解會展與節慶舉辦時間，並且進行景點行銷和包裝，探討並了解國外與會者對於本國文化的認識程度，以及對於觀光景點的選擇，推動

國際化戰略行銷系統，通過問卷調查、專家訪談，以了解觀光發展趨勢；並且針對節慶景點進行英語導覽環境、英語解說設施、導覽地點安全維護，以及導覽活動成本控制，進行評估。

4. 會展與節慶景點整體規劃與保護計畫

許多著名節慶景點，具備文化及古蹟保存價值，而且也有可能被政府列為重點保護的項目。因此，在評估辦理節慶景點活動之時，需要妥善的規劃觀光旅遊發展計畫，因為過於急迫獲取短暫的經濟效益，常常失去國外觀光客青睞，並且造成節慶景點的衰退。因此，需要了解節慶景點生命週期（life cycle），以及節慶景點的遊憩演替狀況，並以個案方式探討會展與節慶景點國際觀光的規劃與管理，將節慶活動納入整體發展及保護計畫的範疇。

節慶
小博士

節慶觀光如何進行整體系統規劃？

1. 節慶教育和會展管理都需要進行教育目標和活動目標的聯結。

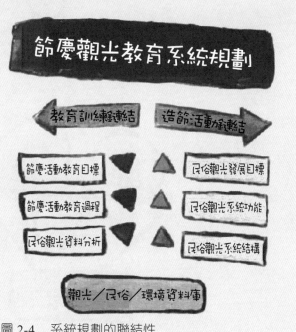

圖 2-4　系統規劃的聯結性

2. 節慶活動需要以書本、實體環境、網路資源，以及口述歷史進行資料分析。

圖 2-5　節慶活動教學資源包括四個面向

3. 節慶教學場域涵蓋文化場所、文化設施，以及學校教室。

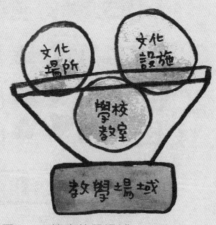

圖 2-6　節慶教學場域

5. 臺灣造節活動的展望

観光是不是淺層文化的象徵

節慶活動衍生出傳統活動的新意，並且永續地傳承

　　在臺灣傳統節慶多數是由中原漢族所繼承下來，過去由宗族及鄉街組織來扮演，例如八家將、迎神賽會、炮獅、炸寒單、放水燈、燒王船等方式進行。

　　然而，臺灣在邁向工商業社會之後，因為社會生產力的發展，過去因為交通部觀光局提倡 12 項大型地方節慶活動，衍生出來的造節運動，導致宗族性非專業團體，藉由社會種種分化現象，演變成為專業社團機構來主導。

　　我們應用 12 項大型地方節慶活動，了解其衍生出傳統活動的新意，並且希望這些活動永續傳承。例如，分析臺灣燈會、平溪天燈、鹽水蜂炮、客家桐花祭、鹿港慶端陽、宜蘭水燈節、雞籠中元祭、頭城搶孤、宜蘭七夕情人節、中秋節、高雄左營萬年季、鯤鯓王平安鹽祭、東港黑鮪魚文化觀光季等活動，發現由於邁向 21 世紀現代休閒價值的逐漸演變，現行臺灣造節運動具備多元異質、地方文化特殊、商業工具性格，以及廣告媒介行銷的特性。在思考傳統節慶意義日益模糊化之際，一般民眾以為造節觀光屬於「風花雪月、吃喝玩樂」的層次，本書提出「深層聖日（deep holy days）」的觀念，除了強調節慶觀光活動的行銷理念，更強調節慶深層存在的文化價值。

節慶
小博士

有關單位推動造節
活動時，應正視哪
些議題？

1. 造節活動應與地方文創產業結合

　臺灣造節活動方興未艾，或許是一種好現象，但是節慶活動必須要有充分的文化內涵，才能創造出「深層聖日」式的節慶活動。為了讓節慶擁有文化上的生命力，以及差異化的觀光魅力，那麼，節慶結合文化創意產業的發展方式則極為必要。例如：茶藝博覽會就必須在茶產業的文化創意進行密切的結合，並且發展出各式茶具，以及茶的衍生產品。

2. 造節活動應注重形象包裝

　將地方產業、觀光旅遊與文化生態資源進行串連。活動納入節慶觀光、宗教觀光、會展觀光、農漁特產觀光、藝文活動觀光、運動觀光、環境生態科技觀光等活動。

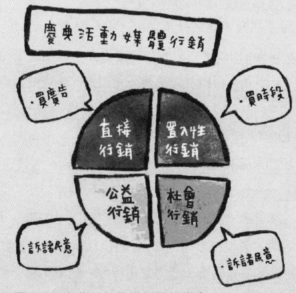

圖 2-7　慶典活動具備行銷的概念

3. 造節活動應和大學教育結合

　觀光節慶活動的規劃具備專業性，和觀光產業有關的藝術、文化、戲曲、體育、生態、建築、環保等活動內涵，在大學的相關科系應能提供專業上及人力上的協助。臺灣的大學院校遍布於各縣市，地方政府實應設法利用這項資源，尤其教育部自2008 年度起推動大學生服務學習的活動，更給這種合作帶來了機會。不過，目前大學中還缺乏培育規劃舉辦盛會活動的科系，則是觀光、會展及節慶教育單位應思考的課題。

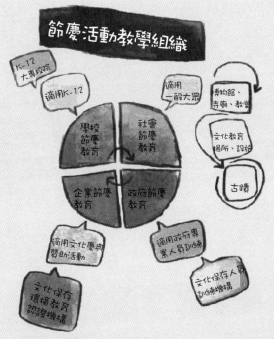

圖 2-8　節慶教育架構圖

4. 造節活動應具備永續發展的概念

近幾年觀光活動如雨後春筍發展，促使地方節慶觀光活動快速成長，導致相互競合的現象。這些現象造成彰化花卉博覽會、臺南糖果文化節等活動，在風光一時之後，消失在節慶觀光的舞臺上，僅留下歷史憑弔。藉由政府在經濟層面下的觀光補助、政治層面下的政績延續、社區環境面、技術、行銷和傳承下的底層支持，進行整合性的觀光永續發展。如此，才能透過造節活動，達到觀光和節慶綿延不絕的共榮目標。

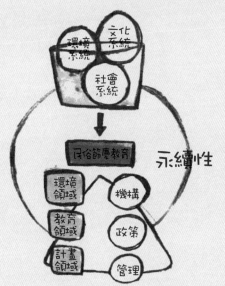

圖 2-9　造節活動具備永續發展的概念

第三章
春季的節慶

疇昔通家好，相知無間然。

續明催畫燭，守歲接長筵。

舊曲梅花唱，新正柏酒傳。

客行隨處樂，不見度年年。——唐‧孟浩然（公元 689 — 740 年）《歲除
夜會樂城張少府宅》

年年有吉慶，家家慶團圓

過「新年」又稱為「過新正」

　　春節，這個節日指的是農曆元月初一至初五，
甚至包含到元宵節的時間。

　　在古代中國，春節的名稱。在秦朝之前，叫
做「上日」、「元日」、「改歲」、「獻歲」等；到了
漢朝，又被叫為「三朝」、「歲旦」、「正旦」、「正
日」；到了魏晉南北朝的時候，稱為「元辰」、「元
日」、「元首」、「歲朝」等；到了唐宋元明，則又
稱為「元旦」、「元」、「歲日」、「新正」、「新元」
等；而到了清朝，一直叫做「元旦」或「元日」，
現在「元旦」成為新年的通稱。

　　明朝葉顒寫了一首詩《己酉新正》，詩中的內

容是這麼說的：

> 天地風霜盡，乾坤氣象和；
> 歷添新歲月，春滿舊山河。
> 梅柳芳容徛，松篁老態多；
> 屠蘇成醉飲，歡笑白雲窩。

　　這首詩題目叫做《己酉新正》，意思是「己酉年春節」的意思。在臺灣，閩南人沿用了明朝時通用的語言，過「新年」又稱為「過新正」，新正即新一輪的正月來臨，也就是說，一年時間循環的開始。

節慶
小博士

為什麼稱為新年為
「新正」？

　　「新正」的用語開始相當早，例如白居易的詩，就提到「共知欲老流年急，且喜新正假日頻」。源自於唐朝古語的閩南語，至今仍說的「過新正」，是過農曆（舊曆）「新年」的意思，也就是說新一輪的正月來了。但是在韓國，所謂「新正」是不一樣的意義，韓國實行陽曆之後，對陽曆年的稱呼，並以此來區隔「舊正」，也就是農曆的陰曆年。

春季的實例
SOP 標準製作流程

春季的節慶、觀光與民俗

本章主要說明農曆 1～3 月主要節慶、觀光活動，案例如下：

一、臺灣北部
01 臺灣燈會
02 基隆炮獅活動
03 臺北野柳神明淨港文化祭
04 臺北年貨大街
05 臺北三峽清水祖師祭
06 竹子湖海芋季

二、臺灣中部
07 臺中市大甲媽祖國際觀光文化節
08 臺中東勢新丁粄節
09 新社花海
10 日月潭九族櫻花祭
11 阿里山日出印象音樂會
12 嘉義義竹賽鴿笭

三、臺灣南部
13 鹿耳門天后宮文化季
14 鹽水蜂炮
15 高雄過好年
16 高雄內門宋江陣
17 墾丁風鈴節

四、臺灣東部
18 宜蘭綠色博覽會

五、離島
19 澎湖元宵萬龜祈福

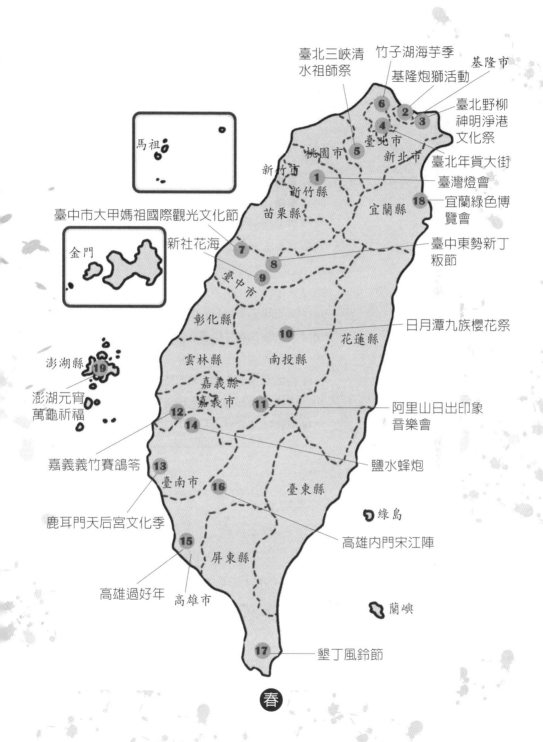

臺北三峽清
水祖師祭

竹子湖海芋季

基隆炮獅活動

基隆市

臺北野柳
神明淨港
文化祭

馬祖

⑥

②
③

④

臺北市

⑤

桃園市

新北市

臺北年貨大街

新竹市

臺灣燈會

新竹縣

①

苗栗縣

宜蘭縣

⑱

宜蘭綠色博
覽會

臺中市大甲媽祖國際觀光文化節

金門

新社花海

⑦

臺中東勢新丁
粄節

⑧

臺中市

⑨

彰化縣

日月潭九族櫻花祭

⑩

花蓮縣

澎湖縣

⑲

雲林縣

南投縣

澎湖元宵
萬龜祈福

嘉義縣
嘉義市

⑪

阿里山日出印象
音樂會

⑫

⑭

嘉義義竹賽鴿笭

⑬

鹽水蜂炮

臺南市

⑯

臺東縣

綠島

鹿耳門天后宮文化季

高雄內門宋江陣

⑮

高雄過好年

屏東縣

蘭嶼

高雄市

⑰

墾丁風鈴節

春

1. 臺灣燈會

臺灣燈會始自於 1990 年，當時稱爲臺北燈會，目前已經連續舉辦 28 年。剛開始辦理的時候，是爲了學習日本的「北海道雪季」，進而在國際上創造出臺灣的觀光品牌形象。從 1990～2000 年期間皆是在臺北市的中正紀念堂舉行。2003 年開始，臺灣燈會與日本北海道札幌市的「索朗祭」展開雙邊交流，將臺灣推向了國際舞臺。

中華民國在 2001 年第一次政黨輪替之後，爲了平衡南北兩地的發展，於是將燈會移師到高雄舉辦，此後每

年巡迴舉行，帶動臺灣地方節慶觀光的商機與人潮，而臺北市則是在原舉辦地點繼續舉行「臺北燈會」。

此外，交通部觀光局在 2007 年特別邀請 Discovery 頻道來臺拍攝「臺灣燈會」活動，獲得全球最佳慶典之一的美譽。

2018 臺灣燈會以「水、陸、空」方式展現，在嘉義縣政府前串聯太子大道到故宮南院，燈區面積超過 50 公頃，結合觀光、科技、文化及藝術，展現嘉義縣的在地新價值與創新能量，是一場突破傳統的「智慧型」臺灣燈會，吸引廣大民眾參與。

臺灣燈會，照亮臺灣，閃爍世界

圖 3-1　花燈製作程序（馬年製作小馬）（❶以鐵絲拗出花燈的主要形狀。❷將燈泡一一掛上。❸糊上燈籠布或宣紙。❹完成圖。）

2.

基隆炮獅活動

位　置	基隆文化中心廣場

元宵節是中國傳統農曆年中的正月十五日，也是每年除了春節以外的第一個傳統民俗節日，這時全臺各地都以不同的特殊活動來呈現這個節日。位於臺灣最北端的基隆，則是以富有地方傳統色彩的「基隆炮獅」來迎接元宵節。

　　基隆炮獅活動的歷史已經有將近 70 年的歷史，當初起源於春節開工時，以舞獅的型態討紅包的習俗演變而來。在討紅包時，以燃放鞭炮的方式藉以迎春接福。一般民眾認為鞭炮放越多，財運則越放越亨通。在 1960 年代，基隆炮獅活動達到顛峰，後來逐漸衰退，但是近年來在基隆市政府的加持之下，以傳統港灣地方文化節慶的核心價值進行包裝，近年來漸漸成為一個媲美「臺南鹽水蜂炮」及「臺東炸邯鄲」的重要地方節慶。

> 基隆炮獅響震天，炮獅鴻運旺基隆

景　點

1. 碧砂漁港

　　碧砂漁港是基隆市規劃相當完善的觀光漁產中心。這裡可以有當地最新鮮、現撈的魚蝦蟹類，因此初秋時分可看到聚集的老饕們品嚐美味的螃蟹。在碧砂漁港旁邊，搭乘漁船到藍色公路進行海上觀光，也是一大享受。

2. 基隆市中正區義二路形象商圈

　　基隆市義二路形象商圈比起愛六路商圈規模更大，其腹地從信一路延伸至信三路，都是義二路形象商圈的範圍。由於比較接近廟口夜市，義二路沿途商店、電影院林立，販賣當地的商品和小吃。

相關機關▌
基隆市政府：基隆市中正區義一路一號，(02)2420-1122。

交通資訊▌
火車：搭乘臺北往七堵、基隆、蘇澳、花蓮、臺東方向的各次列車→基隆站下車。

住　　宿▌
1. 長榮桂冠酒店：基隆市中正區中正路 62-1 號，(02) 2427-9988。
2. 蔚藍海景旅店：基隆市中正區北寧路 250-6 號，(02)2469-2169。

遶境路線▌（參考路線）
安一路→公園頂→孝三路→城隍廟→慶安宮→崁仔頂→奠濟宮→覺修宮→基隆文化中心。

圖 3-2　舞獅獅頭製作程序（❶準備材料：將孟宗竹頭剖成竹皮。❷紮藤：用火烤軟，底部再加上藤皮。❸粗胚、上色：糊上紗布，上塑膠漆。❹裝飾：加上絨球、亮片，以及羊毛。）

3. 臺北野柳神明淨港文化祭

位 置	新北市萬里區野柳

本活動起源是相傳在一百多年前，一群男女老幼的唐山村民，乘著破舊不堪的帆船來臺，結果帆船撞擊觸礁之後便下沉淹沒。災難發生之後，臺灣野柳保安宮的開漳聖王，扶乩指示野柳漁民，必須在港外紮營，舉行祭天儀式以保佑港區平安，以慰海上遇難的亡魂。當年元宵節，開漳聖王又傳達來港巡察的訊息，村民於是在元宵節當天，由年輕力壯的男信徒抬轎衝入海中，此一去晦辟邪的儀式，成為野柳淨港文化的由來。

開張顯赫、保安萬里

景 點

1. 野柳地質公園

野柳地質公園以海蝕地形聞名，更是全世界地質奇觀之一。主要是由傾斜的層狀沉積岩組成，海岸延伸的方向和地層及構造線方向幾乎垂直，經過海浪長期間的拍打侵蝕，以及東北季風對於岩石的風化作用，產生多樣化的奇異地形及地質景觀。

2. 翡翠灣

翡翠灣是北海岸著名的遊憩區，除了海水浴場之外，還經常舉辦風浪板、衝浪、水上摩托車、沙灘車、拖曳傘、滑翔翼、飛行傘、踏船等水上活動。除了可以享受上天下海的樂趣之外，也可以自備露營裝備駐紮當地。白天充分享受弄潮之樂，晚上則可以徜徉於海邊，享受海風的洗禮。

相關社團

社團法人臺灣海洋環境教育推廣協會（TAMEE）：臺北市北投區致遠一路二段 111 巷 5 號 1 樓，(02)2821-1097。

交通資訊

1. 自行開車
   (1) 由陽金公路前往者，在抵達金山→右轉往萬里方向→野柳。
   (2) 走 2 號省道（北海岸公路）→野柳。
   (3) 從北二高萬里方向，於萬里交流道下→左轉往萬里方向→野柳。

2. 搭乘公車
   (1) 於國光客運臺北車站、國父紀念館、臺北科技大學搭「臺北－金青中心」班車，在野柳站下車。
   (2) 於淡水捷運站前搭「淡水－基隆」班車，在野柳站下車。
   (3) 在基隆火車站旁搭「基隆－金山」的基隆客運，於野柳站下車。

住 宿

1. 金湧泉 SPA 溫泉會館：新北市萬里區萬里加投 213-3 號，(02)2498-3588。

2. 沐舍溫泉渡假酒店：新北市萬里區大鵬村萬里加投 166-1 號，(02)2408-2559。

3. 太平洋翡翠灣福華渡假飯店：新北市萬里鄉翡翠路 17 號，(02)2492-6565。

圖 3-3 野柳神明淨港文化祭程序（❶野柳神明淨港文化祭。❷神明淨港之前的儀式。❸躍入海港。❹回岸。）

4. 臺北年貨大街

位置	大稻埕商圈

1996 年臺北市政府在大稻埕開始舉辦「臺北年貨大街」，成為兼具中華傳統節令和臺北城市色彩的節慶活動。傳統上來說，每年過年除舊佈新、年節送禮、團圓圍爐，都是過舊曆年時不可缺少的活動。因此，每年臺北年貨大街，規劃了許多年節活動，例如 2011 年增設了「年貨伴手禮特展」，展現傳統年節禮俗和精緻的商品文化。年貨大街販售的商品，從南北雜貨到各式糖果應有盡有，為旅遊商品的文化創意產業，增加年節味濃厚的銷售方式和銷售地點。

> 送禮、團圓、除舊佈新、價格公道、貨源充足、滿載而歸

景點

1. 霞海城隍廟

霞海城隍廟，建廟至今已經將近 150 年，座落於臺北市大同區，是內政部公告的三級古蹟，也是臺北市重要的廟宇之一。霞海城隍廟是大稻埕居民建埠以來的民間信仰中心，除了主祀城隍爺，還有旁祀城隍夫人、月下老人、八司官、文武判官、范謝將軍、八將，馬使爺和義勇公。霞海城隍廟共計容納了 600 多尊各式神像，為其宗教特色之一。

2. 臺北孔廟

臺北孔廟，位於大同區大龍街，創建於清光緒元年（公元 1875 年）。清季臺灣北部設置臺北府，府城於清光緒五年（公元 1879 年）動工，即在城內南門內建造文武廟，兩座廟的方向都坐北朝南，文廟在左，武廟在右，後來即是臺北城的孔廟。

城隍爺為地方的守護神，也是陰間的審判者，古時新官上任都必須先到城隍廟上香祭拜。臺灣府城隍廟建於明永曆 23 年與澎湖媽祖天后宮為同時代的廟宇，時稱承天府城隍廟，現為國家二級古蹟。

節慶小金童

臺灣最古老的城隍廟

相關單位 ▌

臺北市商業處：臺北市信義區市府路 1 號北區 1 樓，(02)2720-8889。

交通資訊 ▌

1. 搭乘公車
   (1) 自臺北車站搭乘 39 號公車至大稻埕下車；或自臺北車站搭乘 272 號公車至大稻埕下車。
   (2) 搭 9、206、255、274、302、304 號公車至南京西路口站。
2. 搭乘捷運：淡水線於雙連站下車。
3. 自行開車：高速公路重慶北路交流道下→循著重慶北路轉南京西路→迪化街。

住　　宿 ▌

臺北福君海悅大飯店：臺北市大同區重慶北路一段 62 號，(02)2555-1122。

5.
臺北三峽清水祖師祭

| 位 置 | 新北市三峽區 |

正月初六是新北市三峽區全年中最大、最熱鬧的
的一天。長福巖祖師廟前會擺設祭壇，最前排
的是當年的爐主與副爐主，其他則依序排列。「神豬大
賽」中獲獎的每隻神豬，都會以金牌、彩燈裝飾，然後
上花車遊行，鑼鼓喧天，熱鬧非凡。賽神豬的歷史悠
久，過去農業社會飼養豬隻是每戶人家的習慣，到了現
代，養豬公成了專業，由過去的 600～700 斤提高到現在
的 1,600 多斤了；其中不僅僅看到當地民眾的信仰熱情，
更看到了地方家戶的經濟能力。

民間藝術之最，有「東方藝術殿堂」之稱

| 景 點 |

1. 李梅樹紀念館

「李梅樹紀念館」收藏李梅樹先生一生的創作，包含
其生前手稿、畫稿、照片，以及創辦三峽祖師廟重建工程
的相關設計圖等文物資料。本地屬於文化部建設的「地方
文化館」，為新北市三峽區增加一處休閒、文化、教育及觀
光的景點。

2. 鶯歌陶瓷藝術園區

本區位於新北市立鶯歌陶瓷博物館後方，以多元風貌
為主軸，利用風、水、土、火等四大元素，形成地方特色
的觀光景點。其中以鶯歌燒窯廠的四角窯、包子窯，以及
仿古八卦窯最具特色。

相關社團

三角湧文化協進會：新北市三峽區民權街 84 巷 2 號，(02)2671-8058。

交通資訊

1. 自行開車
   (1)下北二高三鶯交流道，循著 110 縣道轉 3 號省道至大埔→7 乙省道→大豹溪產業道路→東峰橋直行可抵達。
   (2)下中山高南崁交流道，循著 4 號省道往桃園市區→110 縣道（桃鶯路）→鶯歌、三峽→大埔→7 乙省道→大豹溪產業道路→東峰橋直行可抵達。

2. 搭乘公車
   (1)三峽搭往樂樂谷、熊空的臺北客運→大德橋下車→三峽站，沿著民生街經民權街到長福街即可。
   (2)新店或臺北東吳城區部旁，或貴陽街地方法院旁，乘坐開往三峽的臺汽客運班車→三峽站，沿著民生街經民權街到長福街即可。

住　宿

三鶯福容大飯店：新北市三峽區大學路 63 號，(02)8672-1234。

圖 3-4　三峽清水祖師祭（❶祖師廟信徒眾多、香火鼎盛。❷在正殿前準備要巡香。❸迎神吹嗩吶。❹賽豬公是地方盛事。）

6.

竹子湖海芋季

| 位 置 | 臺北市北投區竹子湖 |

每年海芋盛開季節為 3～4 月，每年此時陽明山的海芋田會開滿朵朵純白海芋，美麗的樣子映著周圍翠綠的風景，總能吸引許多觀光客。遊客到此除了欣賞海芋的萬種風情，還可以下田將海芋親手採下，送給喜歡的人。您也能牽著情人的手，欣賞音樂表演或者聆聽解說，同時享受視覺與聽覺的幸福饗宴。

> 相戀海芋，情永不渝（芋）

| 景 點 |

1. 陽明山小油坑遊憩區

小油坑為陽明山死火山地質景觀區，位於七星山的西北方山麓上。由小觀音站右轉之後，由觀景步道，抵達七星山步道的登山口。本區最著名的景觀為噴氣孔、硫磺結晶、溫泉，以及崩塌地形。除了小油坑本身之外，本區的眺望平臺，可以遠眺陽明山竹子山、大屯山、七星山與小觀音山等火山錐體，以及金山海岸等。

2. 擎天崗

擎天崗大草原特別景觀區簡稱為擎天崗，又叫作太陽谷、大嶺峙。本區山巒林立，為內雙溪之源頭，地扼金山、萬里、平等里、山仔后、陽明山、磺嘴山、頂山、五指山等步道要衝，自古更為軍事要道。擎天崗草原地勢平坦，牛隻成群，吸引大批的遊客假日前來踏青、郊遊，以及放風箏。

相關社團 ▊

1. 北投區農會：臺北市北投區光明路 96 號，(02)2892-4185。
2. 財團法人七星農業發展基金會：臺北市民權東路六段 90 巷 18 號 4 樓，(02)2796-1525〜6。
3. 臺北市農會：臺北市大安區復興南路一段 390 號 14 樓，(02)2707-0612。

交通資訊 ▊

1. 自行開車
   (1) 在陽明山海芋季期間，實施逆時針單向行駛交通管制措施。管制地點自「湖田橋」橋頭起，實施時段自上午 9 時至下午 5 時。另外，頂湖段採取雙向通行，而且禁止迴轉。
   (2) 自行開車者可至陽明山立體停車場、第二停車場停放，再轉乘小 9 或 131 公車至竹子湖。

2. 搭乘公車
   (1) 自臺北火車站可搭乘 260 及 126 公車→陽明山（約 10〜20 分鐘一班），再轉乘小 9 及 131 公車。
   (2) 自公園路公保大樓前搭乘皇家客運「臺北－金山」線，→竹子湖站下車（每整點一班）。
   (3) 自捷運北投站搭乘小 9 公車直達竹子湖（約 30〜40 分鐘一班），或搭 129 公車（約 20 分鐘一班）→陽明山，再轉乘小 9 及 131 公車。
   (4) 自捷運石牌站搭乘小 8 公車直達竹子湖（每整點一班），或搭 128 公車（約 20 分鐘一班）→陽明山，再轉乘小 9 及 131 公車。
   (5) 自捷運劍潭站搭乘紅 5、109、111、126、127 公車→陽明山（約 10〜20 分鐘一班），再轉乘小 9 及 131 公車。
   (6) 自陽明公園花鐘停車場可搭小 9、小 8 及 131 公車→陽明書屋→竹子湖。沿途停靠湖田國小站→頂湖站→靶場站→海芋大道站→第二停車場。

住　宿 ▊

1. 水紗蓮休閒旅館：臺北市北投區中山路 1-2 號，(02)2891-5121。
2. 北投山樂溫泉會館：臺北市北投區泉源路 17 號，(02)2891-3388。

圖 3-5　到竹子湖採海芋（❶將海芋往下折，要留長莖。❷採到海芋。❸攜回
海芋。❹海芋包裝。）

7.

臺中市大甲媽祖國際觀光文化節

位置	1. 大甲鎮瀾宮（臺中市大甲區順天路 158 號）
	2. 彰化南瑤宮（彰化市南瑤里南瑤路 43 號）
	3. 西螺福興宮（雲林縣西螺鎮延平路 180 號）
	4. 新港奉天宮（嘉義縣新港鄉新民路 53 號）
	5. 北斗奠安宮（彰化縣北斗鎮文苑路一段 120 號）
	6. 彰化天后宮（彰化縣鹿港鎮玉順里中山路 430 號）
	7. 清水朝興宮（臺中市清水區中山路 436 號）

大甲鎮瀾宮自古以來，即是臺灣媽祖信仰的重鎮，每年農曆三月「天上聖母」遶境進香是大甲鎮瀾宮一年當中最大而且最重要的活動，同時也是臺中市大甲區每年最熱鬧的盛事，具有撫慰民眾心靈、安定社會的功用。大甲媽祖遶境始於清朝鎮瀾宮創建之時的湄洲進香，一直持續到日治時期。之後，日本政府禁止臺海兩岸來往，前往湄洲的進香活動也因此停頓。後來是藉由往返於大甲與北港牛販買賣牛隻的行為，後來才能達成當地民間祈神還願的心願。

三月瘋媽祖，觀光、宗教、文化巡禮

景點

1. 貞節牌坊

建於清道光 13 年，為表揚林春娘所建立。林春娘家境清寒，出生後就被送給余姓人家作童養媳。12 歲時丈夫卻溺水過世，而林春娘則繼續奉養婆婆，不願改嫁，賺了錢買的菜都讓婆婆食用，自己卻三餐不繼，此孝行廣為街坊讚揚，56 歲時為清廷表彰貞節與此地建立牌坊。林春娘享

年 86 歲，並被後人稱為貞節媽，為大甲三神之一，大甲著名的鎮瀾宮內便有一尊供奉祂的神像。

2. 大甲鐵砧山

位在臺中大甲區成功路，一如其名的外觀，看似一座鐵砧（金屬鍛造工具），以前因為地勢險要，成為軍事重地，目前已經開放成觀光景點。鐵砧山風景區的景觀包括劍井、忠烈祠、延平郡王像，以及永信公園。

相關社團
財團法人大甲鎮瀾宮：臺中市大甲區順天路 158 號，(04)2676-3522。

交通資訊
1. 自行開車：走國道 3 號→大甲交流道下→順天路 158 號。
2. 搭乘火車：搭乘南下、海線→大甲站。
3. 搭乘客運
   (1)豐原客運：往大甲→大甲站下車。
   (2)巨業客運：往大甲→大甲站下車。
   (3)苗栗客運：往大甲→大甲站下車。

住　　宿
1. 大甲御和園商務汽車旅館：臺中市外埔區甲后路 777 號，(04)2686-7799。
2. 夏威夷汽車旅館：臺中市大甲區中山路一段 1200 號，(04)2686-2286。
3. 維也納汽車旅館：臺中市大甲區中山路一段 657 號，(04)2688-0977。

遶境這個習俗的由來，一般推測是早期先來臺時，遭受原住民的攻擊，為求自保並展現力量，便開抬定期抬著神明遶境以示威，同時也為無趣的農村生活注入新的樂趣。到了現代，遶境已經成為民間不可或缺的民俗活動，居民們更相信，神明的遶境能更為人們帶來平安的效果。

節慶小金童

遶境

溝水朝興宮
4/16（六）（農曆3/14）
（第八天駐駕）

彰化天后宮
4/15（五）（農曆3/13）
（第七天駐駕）

北斗奠安宮
4/14（四）（農曆3/12）
（第六天駐駕）

西螺福興宮
4/13（三）（農曆3/11）
（第五天駐駕）

起駕
去程

彰化南瑤宮
4/9（六）（農曆3/7）
（第一天駐駕）

西螺福興宮
4/10（日）（農曆3/8）
（第二天駐駕）

回程

新港奉天宮
4/11（一）（農曆3/9）
（第三天駐駕）
4/12（二）（農曆3/10）
（第四天駐駕及祝壽大典）

圖 3-6　大甲鎮瀾宮農曆三月「天上聖母」遶境進香路線示意圖──簡易地圖

8. 臺中東勢新丁粄節

「**粄**」是福佬人對糯米糕點的名稱，客家人則稱之爲「粄」。在福佬人則稱之爲「粄」，「新丁」則是家中新出生的男丁，「新丁粄」就成爲恭賀新生男丁的糯米糕點。東勢新丁粄比賽，是客家人爲慶祝家中生子或娶妻，在元宵節的時候，用糯米做的粄當祭品到廟宇謝神，後來發展成全臺灣出名的新丁粄比賽，已有百年以上的歷史。雖然，全國各地的客家族群幾乎都有添新丁而慶祝的新丁粄習俗。但是，臺中市東勢區將此項活動結合文化、社群、產業、觀光等，把客家新丁粄特色發揚光大，近年來更擴大爲新燈踩街、丟炮城、客家古禮新婚、客家猜燈謎、燈籠彩繪及客家美食、音樂饗宴等活動，以打造東勢最有名氣、饒富趣味的元宵風俗慶典。

東勢新丁粄、添丁添福、踩街嘉年華熱鬧滾滾

景點

1. 東勢河濱公園

在自然景觀上，位於臺中市東勢區東豐大橋河濱沿岸，占地約 10 公頃。公園腹地平舖廣闊，新社河階臺地共約 10 餘個河階，遠眺綠意盎然的公園，宛如一座座綠草青青的牧場。公園內設有足球場、壘球場、草坪、停車場，本區位居中橫公路起點，假日遊玩踏青的民眾很多，已成為中部地區休憩新據點。

2. 東勢林場

　　近幾年來，東勢林場因為一年四季都有觀賞不盡的花卉，成為中部著名景點。其中以元月的梅花，1～3月的櫻花、杜鵑花，4～5月的油桐花、11～1月的楓紅季節，最為出色，因此有「中部陽明山」之美譽。此外，本區林場建立螢火蟲觀賞處，每年3～9月，皆可看到螢火蟲的蹤跡。

相關社團 ▌
臺灣客家文經發展協會：臺北市中山區新生北路三段11巷55號1樓，(02)2586-2438。

交通資訊 ▌
1. 搭乘高鐵（含轉運）：搭乘高鐵至臺中烏日站下車→轉搭豐原客運（往東勢）→東勢舊火車站→東勢客家文化園區。
2. 搭乘臺鐵：搭乘臺鐵至臺中火車站→轉搭豐原客運（往東勢）→東勢舊火車站→東勢客家文化園區。
3. 自行開車：國道1號臺中系統交流道→轉國道4號於豐原端下→右轉臺3線（往東勢市區）→經東勢大橋→至豐勢路→轉中山路→直行即可達東勢客家文化園區。

住　宿 ▌
1. 臺中東勢豆豐農家咖啡住宿：臺中市東勢區石城街石山巷37-1號，(04)25771028。
2. 東勢山水雲生態農園：臺中市東勢區東崎街東北巷5-3號，(04)2588-3331。
3. 臺中東勢山頂上民宿：臺中市東勢區東蘭路197-57號，0988-538-614。

　　炮獅是元宵節的慶典活動之一，也是基隆當地的傳統習俗，已經有超過60年以上的歷史。每年元宵節，居民會將祈福的籤條及數十隻的排炮丟向炮獅，讓炮獅不停地舞動，透過這樣的方式來讓福氣上身。

節慶小金童
_____
炮獅

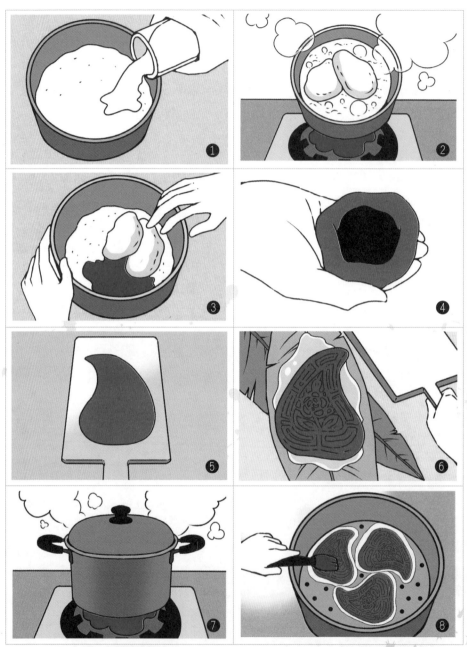

圖 3-7　新丁粄（紅龜粿）製作方法（材料：糯米粉300克、糖50克、鹽1/4匙、水八分滿1杯、棕葉、防沾紙。內餡：棗泥270克。做法：❶加入半杯的水，揉出麵糰、壓扁。❷放進水中煮熟，麵糰約70克重。❸揉入糖、鹽、水、紅色食用色素。❹將內餡塞到粿糰中。❺粿糰放到模具內，形成新丁粄型。❻倒扣出來，放在抹油的棕葉上。❼置蒸籠內，等水滾，小火蒸12分鐘。❽蒸好後，趁熱刷上沙拉油和水。）

9. 新社花海

| 位 置 | 臺中市新社區 |

　　臺中市新社區的自然景觀是出了名的風光明媚、氣候宜人，是個體驗大自然的好去處。政府為了推動中部地區觀光休閒產業發展，在新社大南河階臺地規劃花苗繁殖場，每年 11～12 月初的時候，舉辦新社花海活動。2007 年吸引了將近 75 萬的人次來到此地遊玩，到了 2009 年升到 118 萬人次。從 2009 年迄今，以樂活花海為企畫核心，連結「氣候變遷節能減碳」及「農村再生」的政策，落實「健康、卓越、樂活」農業永續發展的精神，讓民眾感受多元化的農業休閒體驗活動。

新社花海、農村再生

| 景 點 |

　　本區山巒疊嶂，融合美麗花景，在活動期間有精彩的主題活動，同時也結合了特色民宿、休閒農場，以及農產品的展售。來到新社花海可以體驗自然及人工的鄉村美景。

相關社團█
新社區農會：臺中市新社區新社村中和街四段 226 號，(04)2581-1511～5。

交通資訊█
1. 搭乘高鐵（含轉運）：搭乘高鐵至烏日站→轉搭火車、公車→臺中火車站→搭豐原客運「臺中－新五村－東勢」線或「東勢－中興嶺－臺中」線→新社。

2. 搭乘火車（含轉運）：臺中火車站→豐原客運「臺中－新五村－東勢」線或「東勢－中興嶺－臺中」線→新社。

3. 自行開車
   (1) 從臺中出發：經臺中市文心路四段→大坑東山路（129 縣道）→東山樂園→中興嶺圓環→新社。
   (2) 國道 1 號→臺中中清交流道→中清路→崇德路→松竹路→大坑東山路（129 縣道）→東山樂園→中興嶺→新社。
   (3) 國道 4 號終點站石岡→豐勢路左轉（臺 3 省道）→土牛右轉→大坑東山路（129 縣道）→新社。

住　宿

1. 日出映象：臺中市新社區永源里水井街一巷 28 號，(04)2582-1658。
2. 禾口三一：臺中市新社區協成村華豐一街 42-3 號，(04)2582-6816。

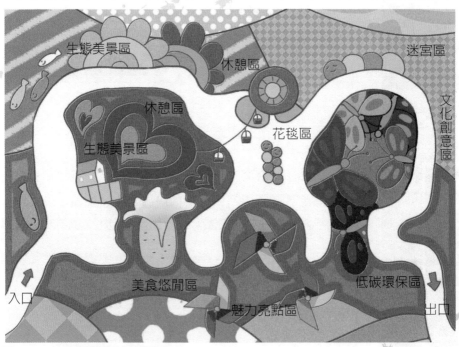

圖 3-8　花毯節的場地配置圖

10. 日月潭九族櫻花祭

| 位 置 | 日月潭九族文化村（南投縣魚池鄉大林村金天巷 45 號） |

日月潭九族櫻花祭自 2001 年起，每年 2 月結合日月潭環湖山櫻花和九族文化村內櫻花聯合舉辦「櫻花祭」活動，是全臺灣最美麗、櫻花密度最高的賞櫻地點。本活動融合藝術與人文采風，邀請詩人、畫家、舞蹈家、音樂家，每年吸引 50 萬人次的賞櫻人潮，成為臺灣具有口碑的文化活動之一。

櫻花開，幸福來

景 點

1. 情人光廊

情人光廊位在九族文化村 UFO 下方的櫻花隧道，每棵櫻花樹都布置了 LED 燈，以甜蜜的染色，祝福有情人在此，都有甜蜜的故事。

2. 日月潭纜車

日月潭纜車沿途風景美不勝收，可以欣賞到 43 度傾角、山谷微笑、發現巨木、日月湧泉、巨人的腳、湖畔巨蟹、山水鳥瞰，以及遠眺埔里。

相關單位 ▌

九族文化村股份有限公司：南投縣魚池鄉大林村金天巷 45 號，(049)289-5361。

交通資訊 ▌

1. 自行開車

(1)國道三號（二高）→214K 霧峰系統交流道接國道六號往東→29K 愛蘭交流道下左轉接臺14線→（不進埔里）右轉21線往魚池→經魚池131縣道→九族文化村。

(2)國道一號（中山高）→243K 雲林系統交流道→臺78線（往東）→古坑系統接國道三號往北→243K 竹山交流道下→左轉臺3線經名間→轉臺16線經集集、水里→轉臺21線經日月潭（或轉131縣道經魚池）→九族文化村。

2. 搭乘客運

(1)仁友客運：04-22255166 臺中市綠川北站（第一廣場前）。

(2)國光客運：由埔里再轉搭南投客運到九族。

(3)南投客運：049-2984031 轉18（臺中干城－高鐵烏日站－埔里－九族－日月潭）。

3. 高鐵（含轉乘）：搭高鐵可到臺中烏日站→轉搭南投客運→九族。

住　宿

儷山林哲學會館：魚池鄉日月村水秀街31號，(049)285-0000。

圖 3-9　九族櫻花祭

11. 阿里山日出印象音樂會

| 位 置 | 阿里山森林遊樂區 |

阿里山日出印象音樂會，從 2011 年跨年夜開始由嘉義縣政府觀光旅遊局、阿里山國家風景管理處及臺灣大哥大主辦。民眾在山上除了欣賞美麗的日出，還可聆聽知名管弦樂團 70 多位音樂家的演奏會，感受高海拔迎接新年的感動。2011 年主辦單位發給每位參加的民眾「100 阿里山日出」的見證書，設計了三款不同樣式的明信片，以及 2011 日出印象紀念戳章，將每一位民眾最溫暖的祝福寄給最心愛的人。

守護山林、愛護地球

| 景 點 |

1. 日出步道

　　日出步道是阿里山國家風景區推出的「八大步道」之一，是觀賞玉山日出極佳的地點，更可以在這裡一覽玉山群峰，將所有美景盡收眼底。

2. 隙頂

　　隙頂位於暖溫帶與亞熱帶交會之山峰區，終年雲霧繚繞，適合觀霧、爬山、看日出，因此曾經被命名為「曦頂」。若是天氣晴朗的時候，從步道觀景臺能夠看到嘉南平原、仁義潭水庫、蘭潭水庫，以及曾文水庫。

3. 石卓

　　石卓是阿里山公路中重要的中繼站，其重要性如同奮

起湖之於阿里山鐵路，是國內產高山茶的重要產地之一，民眾幸運的話，還可以欣賞到採茶的特殊景色。

相關單位■

嘉義縣觀光旅遊局：嘉義縣朴子市山通路 7 號 2 樓，(05)3799056。

交通資訊■

1. 自行開車：國道 3 號於中埔交流道下（或國道 1 號接東西向 82 號快速道路，轉接國道 3 號於中埔交流道下）→沿臺 18 號公路往觸口方向→阿里山。

2. 搭乘客運：國光客運：自臺北西站到阿里山旅程約 6 小時 10 分鐘。

3. 搭乘火車：阿里山→祝山（音樂會期間不開車 5:50～7:20）。

4. 搭乘接駁車：嘉義縣公車。

     接駁路段：86.5k-93.5K。

     接駁方式：86.5K-93.5K 沿途定點接駁。

住　宿■

1. 高峰大飯店：嘉義縣阿里山鄉中正村東阿里山 41 號，(05)267-9411、(05)267-9893。

2. 萬國別館：嘉義縣阿里山鄉中正村 45 號，(05)267-9777。

3. 美麗亞山莊：嘉義縣阿里山鄉中正村 49 號，(05)267-9745。

12.

嘉義義竹賽鴿笭

| 位置 | 嘉義縣義竹鄉 |

義竹鄉賽鴿笭是早期臺灣農業社會農閒時的活動，每年十月之後，就會陸續看到鴿主們開始訓練自家鴿子背鴿笭，幾乎全鄉總動員投入競賽。義竹鄉的賽鴿笭是庄頭對庄頭的對抗賽，也就是在正式比賽時，庄頭可在全村中調度優秀的鴿子代表比賽，賽後各庄頭間握手言和，贏的一方擺席宴請輸的一方，輸的一方則以賀匾回敬，相約明年再拚，比賽激烈之餘，有著濃濃的傳統社會「其爭也君子」的人情味。

鴿笭文化季、笭響展鴻圖

| 景點 |

1.八掌溪舊堤岸公園

八掌溪舊堤岸原為義竹鄉最重要的防汛堤防，2007年嘉義縣政府為改造社區，強調社區空間活化，規劃成「八掌溪舊堤岸公園」，此處成為義竹鄉鄉民活動和親子同樂的最佳休閒去處，也是觀看落日餘輝的好地方。

2.後鎮「古城」

義竹鄉後鎮村始建於明鄭時期，是義竹鄉最早開發的部落，位於古倒風內海的區域，當時鄭軍部隊的「南路軍」在今高雄設有「前鎮」，「北路軍」在則義竹設有「後鎮」。

3.千歲宮/鳳仙宮

鳳山宮位於嘉義縣義竹鄉境內，是溪洲村的生活信仰

之一。主祀廣澤尊王，始建於明末，其位置約在現今溪州村下溪州之處。廣澤尊王，本名郭忠福，福建南安縣人，俗稱郭聖王，信仰系統同屬三邑人。

相關單位▉

嘉義縣政府：嘉義縣太保市祥和一路東段一號，(05)362-0123。

交通資訊▉

1. 自行開車：中山高新營交流道→接臺 19 甲→左轉嘉 27 即可到達。
2. 搭乘火車：新營火車站下→新營客運站→布袋港→義竹站下車（約 20 分）。

住　　宿▉

龍園旅社：嘉義縣布袋鎮東港里埔仔厝 205 號，(05)347-4618。

圖 3-10　鴿笭製作過程（❶切割竹皮或杉木片，製作紅腳笭。❷製成品，對於鴿子不會太重。❸挑選適合負重的菜鴿進行比賽。❹鴿子飛行的時候嗡嗡作響。）

13. 鹿耳門天后宮文化季

| 位 置 | 鹿耳門天后宮 |

每年農曆新春，鹿耳門天后宮舉辦盛大的文化季，從除夕夜開始辦理守歲、鼓嚴朝聖、點頭香、吃湯圓等活動。其中，最熱鬧受歡迎是「搶頭香」，上萬名香客前來共襄盛舉，祈求未來一年平安順利。從初一到初五期間，還會有喜神賜糖，由穿著天官古服的工作人員扮演喜神，向民眾分送喜糖，分享上蒼所賜予民眾的福氣。

臺灣歷史文化的活水源頭，臺灣之門──鹿耳門

| 景 點 |

1. 鹿耳門

當年鄭成功登陸臺灣的古地名。本區也是近代東方歷史中，少數打敗西方列強的古戰場之一。近年來本區結合學術界，並動員全村老小，自 1993 年起至今，每年舉辦精緻文化饗宴。鹿耳門天后宮是當地生活與信仰中心，更擔負起繼往開來的文化任務。

2. 四草

四草地區擁有紅樹林濕地和鹽田環境，區內孕育豐富的魚蝦貝蟹和底棲生物，並吸引許多鳥類前來覓食，形成濕地特有的多樣化生態景觀。

相關社團 ■

鹿耳門天后宮文教公益基金會：臺南市安南區媽祖宮一

街 136 號，(06)284-1386。

交通資訊 ▊

1. 自行開車：國道一號→由臺南系統交流道下→接國道 8 號→臺 17 線（西濱快速道路）沿指示牌續行→鹿耳門天后宮。

2. 搭乘火車（含轉乘）：搭乘火車至臺南火車站→轉乘 3、7 號公車至海東國小站→轉乘 10 號公南→鹿耳門天后宮。

住　宿 ▊

1. 臺南宏盛鑫商務飯店：臺南市東區崇明路 239 號，(06)335-0888。
2. 臺南華南大飯店：臺南市永康區中華路 152-1 號，(06)313-3622。
3. 臺南華光大飯店：臺南市民族路二段 143 號，(06)222-1123。

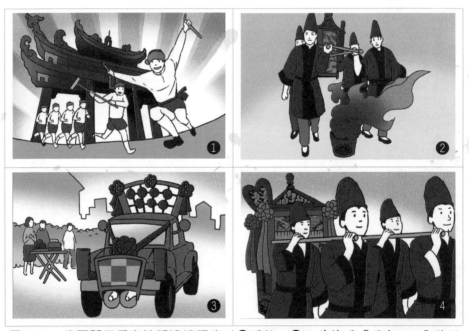

圖 3-11　鹿耳門天后宮神明遶境程序（❶開館。❷巡前神明「過火」，象徵驅除孤魂鬼煞。❸路關車遊街。❹主帥轎遊街。）

14.

鹽水蜂炮

| 位　置 | 臺南市鹽水區武廟 |

鹽水蜂炮始於清朝光緒年間的夏季，臺南鹽水鎮一帶因為瘟疫及霍亂盛行，死亡人數相當多，當地居民因害怕瘟神的關係，於是在元宵夜晚，放煙火鞭炮祈求關聖帝君化解災難，瘟疫便因此而消失。此後，居民們每年都會在元宵節隨著關聖帝君神轎一起遶境，並沿途施放蜂炮，以消災解厄。現演變為施放「蜂炮」與舉行「炮城」活動，每當神轎抵達炮城之前，炮城上的紅布會被店家掀開，看到信號的眾人會引燃蜂炮，象徵越放越旺的涵義。

蜂芒四射、璀璨人生

| 景　點 |

1. 安平古堡

1642 年荷蘭人在臺南地區建造第一座城堡「熱蘭遮城」，又稱臺灣城。原為荷蘭人在臺統治中心，以及對外貿易的總樞紐。自鄭成功收復臺灣之後，改名為「安平古堡」。在清代，英國軍艦入侵破壞，後成了廢墟。日據時代，又改建成今日所看見的紅磚平臺。目前則指定為一級古蹟。

2. 關仔嶺溫泉區

位於臺南縣白河鎮東境，因閩南語「高」與「關」發音接近，因此，取名為關仔嶺。本區溫泉與北投、陽明山、四重溪溫泉，共同列為臺灣四大溫泉。此處的泉水係為鹼

性碳酸氫鈉，其硫磺成分具有滑膩觸感，為臺灣地區特有的濁泉，曾經是日據時代重要的泡湯勝地。

相關社團 ▋
南瀛文化資產解說服務隊：臺南市新營區中正路 23 號，(06)632-5865。

交通資訊 ▋
自行開車建議路線
1. 國道一號：由新營交流道下→ 172 縣道（復興路）至南門路→西門路接武廟路→鹽水武廟。
2. 國道三號：由白河交流道下→ 172 縣道至臺 1 線→往南續行在轉 172 縣道至新營→復興路、南門路、西門路至五廟路→鹽水武廟。

住　宿 ▋
1. 臺南箱根商務飯店：臺南市中西區保安路 182 號，(06)221-2666。
2. 志明旅社：臺南市鹽水區中正路 118 號，(06)652-1031。

圖 3-12　炮城製作（❶用竹架架好砲臺，編製炮城。❷蜂炮完成品放大圖。）

節慶
小博士

蜂炮

每年元宵佳節之時，在臺南鹽水鎮這個地方便會開始放蜂炮。相傳古時候臺南瘟疫盛行，因此請關聖帝君來此巡查，居民們更在這一天放炮助威嚇走妖魔鬼怪，從此，每年放炮祈求平安順利便成為習慣。鞭炮施放時是將許多的炮包裝成蜂窩一樣，點燃後的炮火會漫天亂飛，每個人便都會不由自主地到處亂跳，場景相當有趣。

15.

高雄過好年

<table>
<tr><td>位置</td><td>主要地點為三鳳中街，其他地區包含旗山老街、鳳山家具街、岡山維新路、南橫三星—甲仙、寶來及那瑪夏等地點。</td></tr>
</table>

三鳳中街是高雄轄內八大歷史庄頭之一，早年稱「三塊厝街」。1979 年開始，某些賣南北雜貨的店家，引進年貨販賣，生意因此興隆，於是鳳中街成為年貨街的雛型，現在已經發展成 100 多家販賣各式雜貨、南北貨、加工品、農業穀物和糖果等商品的年貨大街。每年到了年節時分，還會有一些臨時的攤販進來販售，包含春聯、紅包袋等年節物品皆一應俱全。

高雄熱鬧過好年，新高雄縣市都好

<table>
<tr><td>景點</td></tr>
</table>

1. 愛河之心

2007 年高雄推動愛河之心計畫，是綜合藍色水陸觀光、滯洪、生態濕地等改造計畫。愛河之心的如意湖上，設計串聯愛河、蓮池潭的自行車道系統，讓各地遊客可以沿途遊覽河岸濕地景觀。本區係為一處兼具節能、環保與健康有氧的休閒活動空間。經清疏與試通之後，愛河水質已經改善，可親臨現場感受。

2. 瑞豐夜市

具有 20 年歷史的瑞豐夜市，剛開始係為無秩序地路邊擺攤，到現在已經成為特殊「L」型字母的擺攤形式，成為高雄頗具規模的夜市。瑞豐夜市目前擁有 1,000 個攤位，種類五花八門，包括小吃、服飾、飾品及娛樂攤位等，已

成為高雄市區民眾夜晚休閒娛樂、品嚐小吃、宵夜的去處。

相關社團 ▋

1. 旗山形象商圈促進會：高雄市旗山區中山路 109 號，(07)662-9173。
2. 高雄市觀光協會：高雄市三民區九如二路 597 號 17 樓之一，(07)322-1079。

交通資訊 ▋

1. 搭乘火車（含轉乘）
   (1)坐火車到達高雄火車站→步行 97 公尺搭乘公車→坐 218 路經過 1 個站→三鳳中街。
   (2)坐火車到達高雄火車站→步行 97 公尺搭乘公車→坐 245 路經過 2 個站→三鳳中街。
   (3)坐火車到達高雄火車站→步行 97 公尺搭乘公車→坐建國幹線路經過 2 個站→三鳳中街。

2. 自行開車：走國道 1 號→在高雄交流道九如出口下交流道→朝鳳山／高雄前進→在高雄交流道九如出口下交流道→九如一路／臺 1 線前進→九如一路口向右轉→建國二路出口向左轉→在第一個路口向右轉入建國二路→建國三路→三民街 106 巷口向右轉→三鳳中街。

住　　宿 ▋

1. 康橋商旅高雄站前雄中館：高雄市三民區建國三路 44 號，(07)287-5566。
2. 高雄福華大飯店：高雄市七賢一路 311 號，(07)236-2323。
3. 高雄假期商務大飯店：高雄市新興區忠孝一路 482 號，(07)235-5555。

16. 高雄內門宋江陣

| 位 置 | 高雄市內門區 |

相傳宋江陣是由水滸傳中的宋江攻城時所使用的陣型，然而演變到了今天，已經變成了一種民俗藝陣。交通部觀光局在 2001 評選高雄內門宋江陣為「臺灣地區十二項大型地方節慶活動」之一。而現在的宋江陣則是以青少年及大專院校的學子作為對象，表演內容有傳統式、武術動作、舞蹈戲劇或啦啦隊等各式各樣的方式，創造出了眾多不同的創意宋江陣，也同時為傳統宋江陣注入不同的新生命。

這個世界，還有一種天平，惡地逢生，團結奮起，名為陣義。

| 景 點 |

1. 扗仔上天

扗仔上天是清朝臺陽的八景之一，是個以石灰岩構成的險惡地形，經過長久不停地風雨侵蝕而形成險峻的怪峭奇壁，被侵蝕過的岩壁造成突出的小石堆，好像是無數爭先恐後爬上天的小泥人，是內門獨特的美景之一。

2. 光明橋

光明橋位在內門紫竹寺廟宇的園區中，橫跨在二仁溪上，連結了綠意盎然的紫竹公園，橋上掛滿民眾向廟方所求的祈福卡片，祈求觀音菩薩的保佑。

相關社團 ▋

高雄市羅漢門人文協會：高雄市內門區內門里 103 號，(07)667-1878。

交通資訊 ▋

1. 自行開車

   (1) 國道 1 號南下→仁德交流道→182 縣道→關廟區→龍崎區→內門區→省道 3 號→內門南海紫竹寺。

   (2) 國道 1 號→關廟交流道下→182 縣道→龍崎區→內門區→省道 3 號→內門南海紫竹寺。

   (3) 國道 1 號北上→鼎金系統交流道→國道 10 號→旗山交流道下→省道 3 號→旗山區→內門區→內門南海紫竹寺。

   (4) 國道 3 號→燕巢系統交流道→國道 10 號→旗山交流道下→省道 3 號→旗山區→內門區→內門南海紫竹寺。

2. 搭乘臺鐵：在高雄火車站的高雄客運站牌→旗山南站（每 20 分鐘一班車）。

3. 搭乘高鐵 (含轉乘)：在高鐵高雄左營站的高雄客運站牌→旗山南站（每 1 小時一班車）。接駁專車在高雄客運旗山南站、內門南海紫竹寺上車。

住　宿 ▋

1. 高雄漢王洲際飯店：高雄市鹽埕區七賢三路 98 號，(07)531-3131。

2. 順賢宮香客大樓：高雄市內門鄉內南村菜園頂 8 號，(07)667-4820。

3. 內門紫竹寺香客大樓：高雄市內門區觀亭里中正路 115 巷 18 號，(07)667-1602、(07)6673-113。

節慶小金童

春節

春節是農曆的新年頭五天，自古有「初一拜年、初二回娘家、初三睡到飽、初四迎財神、初五開工」的說法。春節由來的說法眾說紛紜，較為人所知的是年獸的故事。據傳，古時有一隻年獸每隔一年就會從海底來侵擾人們，人們為求平安，開始發現年獸會怕爆竹的聲音，便開始家家戶戶都放鞭炮，然後隔天為了慶祝大家平安，便開始貼春聯，逢人就說恭喜、恭喜。

圖 3-13　內門宋江陣（❶「發彩」陣型：以兩行直隊整齊吶喊。❷進行陣型變
換。❸雙人對打。❹用氣功將鐵條折彎（兒童勿模仿！））

17.

墾丁風鈴季

| 位 置 | 墾丁地區各景點 |

每年一月登場的墾丁風鈴季爲期一個月，在車城、恆春、墾丁，以及鵝鑾鼻等知名的觀光景點舉行。這個活動除了可以看到來自世界各國、造型琳瑯滿目的風鈴之外，也可以現場 DIY 製作一串風鈴，做爲紀念品。風鈴在各國的習俗中，擁有快樂、平安、祈福的象徵，所有來參加恆春墾丁風鈴季的人們，體驗初春的墾丁風鈴城，聆聽風鈴清脆的聲音，對於恆春特殊的落山風傳奇，也將擁有不一樣的感受。

墾丁風鈴季，旋轉風車拚熱鬧

| 景 點 |

1. 南灣遊憩區

南灣靠近南端海域，擁有豐富珊瑚礁群與特殊熱帶魚風貌，這裡是墾丁地區重要的觀光景點，發展出浮潛和潛水等水下活動，每年吸引年輕人來此參加春吶音樂季。

2. 墾丁大街

墾丁大街位於由墾丁國家公園牌樓，到墾丁凱撒大飯店之間的馬路，由於遊客到墾丁都會經過這裡，因此形成人潮和商店的聚集地，有 PUB、餐廳、小吃店，以及販賣 T 恤、飾品的各式商店，讓墾丁大街的夜晚是越夜越熱鬧。在墾丁，如果沒有來過墾丁大街，就等於沒有來過墾丁一樣。

相關單位

屏東縣政府文化處：屏東市大連路 69 號，(08)736-0330。

交通資訊

1. 自行開車

   (1)南二高 南州交流道下 墾丁（從南州到墾丁沿途都有指標）。

   (2)高雄市區 88 快速道 接二高 南州（沿途沒有收費站）。

     中山高走到底 17 號省道 墾丁（比較壅塞）。

2. 搭乘客運

   (1)搭統聯或其他客運到高雄車站 車站前轉乘客運 墾丁。

   (2)坐火車 高雄站下車 轉客運到墾丁。

   (3)搭高鐵 左營站下車 轉客運或租賃計程車到墾丁。

住　宿

1. 墾丁凱撒大飯店：屏東縣恆春鎮墾丁路 6 號，(08)886-1888。

2. 悠活麗緻渡假村：屏東縣恆春鎮萬里路 27-8 號，(08)886-9999。

3. 新芽民宿：屏東縣恆春鎮大埔路 48 號，(08)889-9127。

圖 3-14　造型風鈴

18. 宜蘭綠色博覽會

位 置	宜蘭綠色博覽會竹子館展覽會場、宜蘭縣武荖坑風景區，綠博活動會場等地

宜蘭舉辦「綠色博覽會」是希望以大自然四季周而復始的迴圈定律，重新思索人與土地、大自然的關係。本活動從 2000 年開始，除了第一屆之外，每年都會在擁有青山綠水的宜蘭蘇澳武荖坑風景區舉辦綠色博覽會，讓大家投入自然的懷抱，從而體會環境生態平衡永續的重要，因為唯有人類與自然平衡發展，才能獲得永續的未來。

回到自然（Return to Nature）

景 點

1. 宜蘭餅發明館

宜蘭餅發明館內有糕餅 DIY、糕餅館導覽、生產線參觀、製餅器具展示、傳統糕餅婚嫁禮俗介紹等體驗活動，遊客可事先預約 DIY，將自己親手製作的宜蘭餅送給親朋好友。

2. 冬山河休閒農業區

早年的冬山河常造成水患，而現今的冬山河卻寧靜又美麗。宜蘭縣為促進觀光於冬山河流域設置休閒農業區，遊客可體驗舊農村漁業生活、水上活動、童玩節等活動。

相關社團 ■

財團法人蘭陽農業發展基金會：宜蘭縣宜蘭市縣政北路 1 號，(03)925-2603。

交通資訊▮

1. 搭乘火車（含轉乘）

   (1)搭火車至新馬車站→15分鐘悠閒散步到會場。

   (2)搭火車至羅東車站→轉乘計程車→羅東後火車站出口→左轉站東路
     →計程車招呼站（火車站旁）→武荖坑風景區，綠博活動會場。

2. 自行開車

   (1)經國道五號北宜高速公路：國道5號→蘇澳交流道→右轉馬賽路→
     右轉臺9線省道→左轉武荖坑風景區，綠博活動會場。

   (2)經臺2線濱海公路：頭城→臺2線濱海公路→龍德工業區→馬賽→
     臺9線省道→武荖坑風景區，綠博活動會場。

   (3)經北橫、中橫：北橫（臺7線）、中橫（臺7甲線）→三星→（臺7
     丙線）→羅東→臺9線→冬山→武荖坑風景區，綠博活動會場。

住　　宿▮

蘭陽溫泉大飯店：宜蘭縣礁溪鄉德陽路24巷8號，(03)988-1111。

圖 3-15　綠色博覽會

19. 澎湖元宵萬龜祈福

澎湖萬龜祈福活動，以認識澎湖傳統廟宇的元宵慶典精神為方向。龜為四靈之一，「乞龜」則有「乞龜乞綵乞平安」之意。遊客於此時遊玩澎湖各處廟宇，可深度了解澎湖元宵的傳統文化，並且融合傳統與現代的活動，以展現澎湖特殊的地方特色。

謝天祈福　乞萬龜

景 點

1. 風櫃德靈溫王殿

距今 300 餘年前，風櫃里供奉有德、有智、有識等文武進士，銅姓、鑼姓、鋼姓等金字旁先民為神，虔敬立廟、神明顯赫，廣被建廟者崇信。當初當地均由家鄉攜帶香火來此奉祀，由於昔時物質不豐，建草寮為村民參拜的場所，嗣後建廟於北崎山麓，到了清雍正年間，廟址於邑南改建新廟，到了 1965 年選擇現址，重新建造，並改名為德靈溫王殿。

2. 澎湖天后宮

全臺灣最古老的媽祖廟，距今已有 400 年以上的歷史。天后宮是臺灣少見的金面媽祖，為清康熙皇帝敕封。天后宮出土的「沈有容諭退紅毛番韋麻郎等」石碑，為本地出土最早的一方石碑，凡此種種歷史軌跡，增添了天后宮的歷史地位。天后宮的正面外觀屋脊、內部木雕與泥塑藝術，展現先民在澎湖悠久的建築歷史紀錄。

3. 西文祖師廟

　　西文祖師廟祭祀清水巖祖師，根據澎湖志略（乾隆 32 年）談到：「康熙年間有一和尚從泉州清水巖到此與人治病，有神效不取藥資，甚有道行，去後因立廟祀焉，所以云報也」。清水巖祖師在本地擁有諸多信眾，與臺灣廟宇關係良好，例如：高雄祖師廟、東文三官廟、東甲北極殿在清水祖師爺壽誕時，會相互支援及祝賀。

相關單位 ▮

澎湖縣旅遊處：澎湖縣馬公市治平路 32 號，(06)927-4400。

交通資訊 ▮

自行開車：澎湖縣擁有 19 間廟宇，如以馬公市區為起點，建議參訪順序如下：馬公市：南甲海靈殿→重光里威靈殿→西衛里宸威殿→文澳清水祖師廟→菜園里東安宮→鐵線里清水宮→塒裡里水仙宮→風櫃里溫王殿→山水里上帝廟→鎖港里北極殿；湖西鄉：隘門村三聖殿→紅羅村北極殿→沙港村廣聖殿；白沙鄉：大赤崁龍德宮→通梁村保安宮；西嶼鄉：外垵村溫王宮→內垵村池王廟；望安鄉：東安村仙史宮；七美鄉：海豐村吳府宮。

住　　宿 ▮

1. 澎湖海悅飯店：澎湖縣馬公市民福路 75 號，(06)926-9166。
2. 海洋度假村：澎湖縣馬公市臨海路 3 號，(06)927-3888。

節慶
小博士

吃元宵（湯圓）

　　元宵節吃元宵的習俗源自於宋代，是用糯米粉做為原料搓揉成一顆顆圓的形狀，象徵著「闔家團聚」、「團團圓圓」的意思，因此在南方元宵則又稱為湯圓。

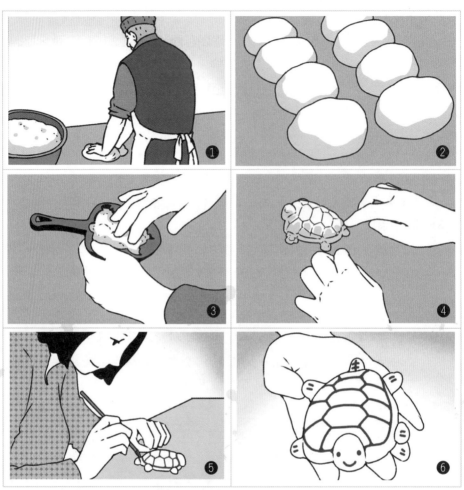

圖 3-16　乞龜製作程序（❶用糯米粉和成麵糰。❷根據烏龜的大小，決定麵糰大小。❸使用壓模製作成龜型肪片。❹製作好的初胚。❺進行上色。❻做好的成品。）

第四章

夏季的節慶

畢竟西湖六月中，
風光不與四時同。
接天蓮葉無窮碧，
映日荷花別樣紅。

——宋 · 楊萬里（公元 1127～1206 年）
《歲除夜會樂城張少府宅》

年年有吉慶，夏至慶舞樂
夏至放假的習俗，延續到了清朝

夏至，因為氣候炎熱，是古代中國官員的放假日。例如：秦漢在正旦（正月初一）、立春、社日（二月和八月初一）、夏至、伏日（初伏）等日放假。根據《史記 · 封禪書》記載中說明：「夏至日，祭地，皆用樂舞。」宋朝《文昌雜錄》也記載，夏至之日始，百官放假三天。

遼代則以夏至日稱為「朝節」，婦女用彩扇，或是以粉脂囊互相贈送。彩扇用來搧涼驅熱，香囊可以驅除蚊蟲，並且散出芬芳的味道，以抑制汗臭味。

這個在夏至放假的習俗，也因此延續至清朝。

但是到了現代，很少有活動和夏至有關，在夏季的節慶活動已經由傳統節日端午節取代。

　　但是在北歐國家，因為地處寒帶，需要夏至陽光普照的感覺，於是舉辦仲夏節，成為北歐等地居民的地方重要節慶。

夏至是農曆的二十四節氣之一，是被中國人最早確定的節氣之一，大約在每年陽曆 6 月 21 日前後的一天。2700 年前，中國人就知道用土圭測量日影，發現夏至這一天的日影投射在地面上距離最短，因此把這一天稱作「夏至」，也就是說夏至時太陽幾乎直射北迴歸線，北半球的白晝也最長。

節慶小金童

夏至的意思
是甚麼？

夏季的實例
SOP 標準製作流程

夏季的節慶、觀光與民俗

本章主要說明農曆 4～6 月主要節慶、觀光活動，案例如下：

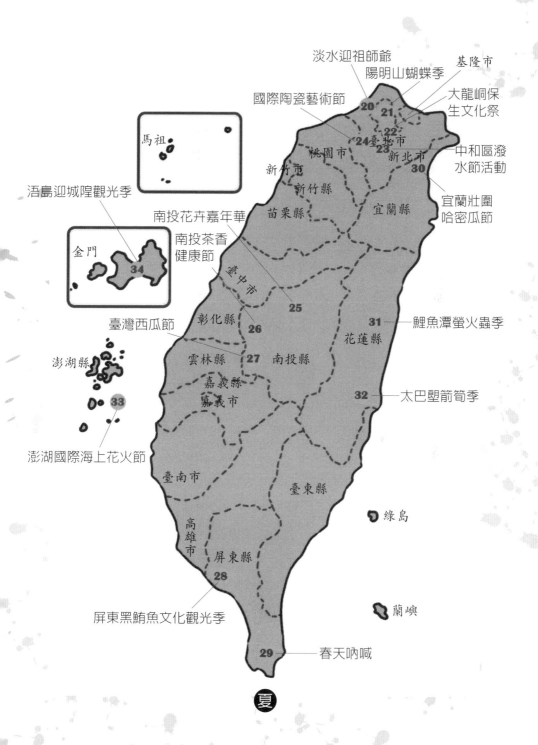

淡水迎祖師爺
陽明山蝴蝶季
基隆市
國際陶瓷藝術節
大龍峒保
生文化祭
20
21
22
24 臺北市
23
新北市
桃園市
30
中和區潑
水節活動
新竹市
新竹縣
宜蘭縣
馬祖
苗栗縣
宜蘭壯圍
哈密瓜節
梧島迎城隍觀光季
南投花卉嘉年華
南投茶香
健康節
金門
臺中市
34
25
臺灣西瓜節
彰化縣
26
31
鯉魚潭螢火蟲季
澎湖縣
雲林縣
27 南投縣
花蓮縣
嘉義縣
嘉義市
33
32
太巴塱箭筍季
澎湖國際海上花火節
臺南市
臺東縣
綠島
高雄
市
屏東縣
蘭嶼
28
屏東黑鮪魚文化觀光季
29
春天吶喊

夏

20.

淡水迎祖師爺

| 位 置 | 淡水清水祖師廟（新北市淡水區清水街 87 號） |

正月初六是清水祖師爺誕辰的紀念日，臺灣的清水祖師廟大多選在這一天舉行盛大的祭祀，其中淡水清水祖師廟舉行的地區性大拜拜最具規模。每年的這一天，許多全年無休的商家，都會將鐵門拉下歇息，門口則擺桌祭神；規模大的商家會請來眾神，遶境經過的祖師爺，會在其門前停留，向香案上的眾神致敬，商家們希望有眾神們的護持，能使他們財源滾進。臺灣北濱地區及板橋、新莊一帶的寺廟和神明會，都會派各種陣頭參與，為淡水小鎮掀起一年一度迎神賽會的高潮。

出巡普渡慶典，保佑一家大小平安

| 景 點 |

1. 淡水老街

中正路老街於 1999 年進行街道拓寬工程，包含用花崗岩鋪設人行道，老街店家進行門面復古整修及規劃招牌，藉以吸引觀光客。2004 年淡水藝術節時，當地藝術家在老街入口處，即席創作燒陶長達 16 公尺藝術牆，稱為「藝航滬尾」。在老街除了尋幽訪勝，其特色商店亦為享受美食的好地方。

2. 紅毛城

紅毛城係以紅磚砌成的方形建築物，原為西班牙在 1628 年建造，後為荷蘭人及英國人占領。因為荷蘭人髮色

偏紅，被當時的本地人稱為紅毛人，故此城稱為紅毛城，目前列為國家一級古蹟。紅毛城為紅牆築成，外型美觀出色，分為主樓、英領事館、南城門等3處古蹟。城堡遺留的清朝古砲，歷史價值非凡，在城堡中登頂之後，可遠眺淡水老街、淡水河及對岸的觀音山。

相關單位 ▌
清水嚴祖師廟：新北市淡水區清水街 87 號，(02)262-12236。

交通資訊 ▌
1. 搭乘捷運：搭至捷運淡水站→沿著中正路老街步行約 10 分鐘→淡水第一信用合作社→右轉進入對面的中正路 8 巷→清水街。
2. 自行開車：將車停於捷運淡水站→清水街。

住　　宿 ▌
松茂休閒農庄：新北市淡水區坪頂路 299 號，(02)862-63698。

圖 4-1　淡水迎祖師爺（❶巡前「過火」，象徵驅除孤魂鬼煞。❷準備出巡。❸用鞭炮迎神。）

21.

陽明山蝴蝶季

| 位 置 | 陽明山國家公園（二子坪、大屯山） |

陽明山蝴蝶季始於 2002 年，舉辦至今儼然已成為陽明山國家公園一年一度重要活動。蝴蝶季主要內容包含生態保育、創意驚奇、寓教於樂，以及大屯山車道的蝴蝶導覽和蝴蝶生態的闖關等活動。除此之外，還有陽明蝶舞樂活音樂直笛演奏、蝶舞青草等藝文活動，是蝴蝶生態環境保育不可或缺的節慶活動。

蝴蝶紛飛　綺麗萬千

| 景 點 |

1. 北投溫泉博物館

北投溫泉會館前身為古蹟，建築配合自然環境進行設計，將入口處安排在二樓，原為貴賓室的二樓，現改為北投人文、歷史、產業主題的展覽區。一樓部分則規劃為溫泉相關設施、用品、浴場等主題的展示區。

2. 地熱谷

地熱谷又名為北投溪溫泉或地獄谷，位於北投公園上方，鄰近熱海飯店。該溫泉為天然硫磺礦所形成的溫泉。地熱谷內硫磺味刺鼻，蒸氣瀰漫，加上溫泉水的溫度很高，具有醫療保健功能。

相關社團

中華民國自然生態保育協會：臺北市大安區和平東路二段 175 巷 35 號 1 樓，(02)2784-6816。

交通資訊

1. 搭乘賞蝶專車
   (1)去程：中山樓入口處→陽明山公車總站 7-11→遊客中心→七星山站→二子坪。
   (2)返程：二子坪→七星山站→第二停車場→陽明山公車總站 7-11→中山樓入口處。
2. 搭乘賞蝶專車（區間車）：小油坑遊客服務站→二子坪。

住　宿

1. 春天酒店：臺北市北投區幽雅路 18 號，(02)2897-5555。
2. 太平洋北投溫泉會館：臺北市北投區奇岩路 1 號，(02)2893-1668。
3. 北投水都溫泉會館：臺北市北投區光明路 283 號，(02)2897-9060。

圖 4-2　陽明山蝴蝶季

陽明山

陽明路

紗帽山

紗帽路

格致路

圖 4-3　陽明山國家公園簡易地圖

22. 大龍峒保生文化祭

位 置 大龍峒保生宮（臺北市哈密街 61 號）

保生大帝誕辰為臺北市當地的重大慶典活動。1994 年開始，保安宮以傳統廟會活動，注入現代的人文精神，將傳統的「保生神誕祭祀」，轉型成「保生文化祭」，藉由地方的文字語言、圖形色彩、音樂舞蹈、建築形式、典章制度、經濟行為、風俗習慣、生活方式等多元面貌的展現，將傳統的祭典，轉變成宗教活動與藝術展演的饗宴。

保佑眾生平安順勢

景 點

1. 大龍峒保生宮

保生宮創辦於 1742 年，為福建同安人祭祀保生大帝所建造的廟宇，位於臺北市大同區哈密街，保生宮意為「保佑同安」之意。該廟 1804 年建廟，1985 年認定為國家二級古蹟。1995 年保生宮因為面臨街道重劃問題，又重新以傳統「平衡工法」、「整舊如舊」的古蹟修復原則，進行建築特色修復，成為全臺灣各級古蹟修復的典範，獲得 2003 年的聯合國教科文組織（UNESCO）亞太區文物古蹟保護獎的榮譽獎。

2. 臨濟護國禪寺

大龍峒還有一座漂亮的日式宗教建築「臨濟護國禪寺」。此寺以信奉禪宗為主，於 1900 年興建，1911 年完工，是日本佛教在臺灣地區宣教的重要場所，也是臺灣唯一冠

以「護國」之名的佛寺。寺中可體會充滿清幽的禪味，鐘塔、寶殿均散發濃濃的日本風情，也是臺北現今重要的古蹟之一。

相關社團▊

保生民間宗教學院：臺北市哈密街 61 號，(02)2595-1676 轉「保生民間宗教學院」。

交通資訊▊

1. 自行開車：國道一號：由臺北（重慶北路）交流道下，接重慶北路→續行至三段→轉哈密街→保安宮。

2. 搭乘高鐵、臺鐵（含轉乘）：搭乘至臺北火車站→轉搭捷運→搭捷運淡水線至圓山站二號出口→庫倫街直走右轉大龍街，約 15 分鐘的路程。

3. 搭乘公車：重慶北路酒泉街口站 2、9、21、223、246、250、255、302、304 副線、601、669、紅 33 →大龍峒保安宮站。

住　宿▊

1. 百宣商務旅館：臺北市大同區延平北路二段 197 號 4 樓，(02)2553-3044。

2. 上賓大飯店：臺北市錦州街 23 巷 4 號，(02)2511-3232。

3. 福泰橘子商務旅館（林森店）：臺北市中山區林森北路 139 號，(02)2563-2688。

4. 福君海悅大飯店：臺北市大同區重慶北路一段 62 號，(02)2555-1122。

圖 4-4　大龍峒保生文化祭

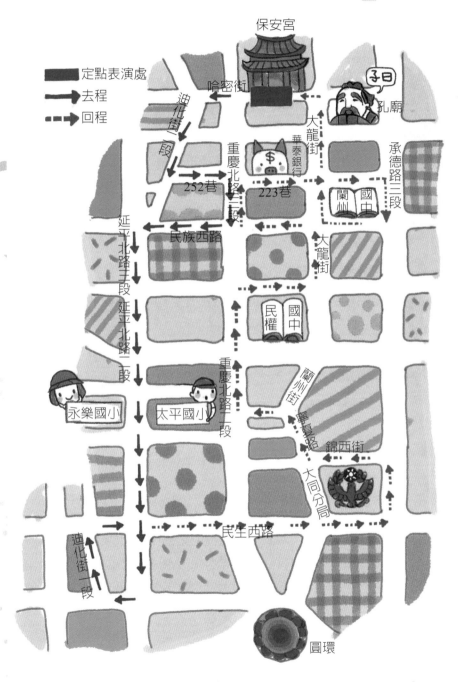

圖 4-5　2010 大龍峒保生文化祭遶境路線圖

23. 中和區潑水節活動

擺夷、緬、泰、寮國的傳統新年習俗潑水活動，其目的是消除前一年的煩惱及災厄，並為未來祈福，這種潑水的節慶方式俗稱為潑水節。在臺灣新北市中和區是緬僑聚居最多的地區，目前也有泰僑及泰籍人士居住，為了一解緬、泰僑民思鄉情懷，以及展現中和區多元文化的特色，新北市中和區公所自 1998 年開始在每年 4 月份舉辦潑水節活動。中和區的潑水節，除了水瓢、臉盆、水桶等傳統工具之外，還有採用噴水槍、水袋、水管等，任何人皆可以用水潑人，整條街伴隨著歡笑的國際語言及清涼的水，感染了異國新年歡愉的氣氛，也成為中和區特有活動之一。

中和潑水節，讓你「濕」透透

景 點

1. 烘爐地

位於中和區南勢角捷運站出口後方的山區，又名南勢角山。山中有許多的寺廟，成為信徒們的朝山聖地；除此之外，秀麗的風光，也吸引眾多登山健行的人到此一遊。烘爐地山頂平坦開闊，擁有良好的視野，俯瞰是臺北盆地、大漢與新店二溪，遠眺觀音、大屯火山群及淡水出海口，成為大臺北地區觀看夜景的著名旅遊勝地。

2. 圓通寺

　　圓通寺占地寬廣，林蔭清幽，炎炎夏日散步此地，既消暑又詩情畫意。其後山頂視野遼闊，可俯瞰臺北盆地，適合夜晚上山賞夜景。圓通式建築形似日式風味的仿唐式廟宇建築，正門兩側獅、象的雕塑，頗為逼真；入門越過廣場直通雅淨的正殿，可見釋迦牟尼佛、文殊菩薩、菩賢菩薩三尊大佛像盤坐其中，神情怡然。寺廟右側更有一處山崖，留有許多石刻佛像及石獅，頗為壯麗。

相關社團
中華民國緬甸歸僑協會：新北市中和區華新街75號7樓，(02)8941-7794。

交通資訊
1. 自行開車：在中和交流道下→中正路右轉→沿著中正路順行→向右轉入南山路→興南路二段向右轉→第三路口左轉→華新街。
2. 搭乘捷運：中和線南勢角站下車→徒步約9分鐘抵達。

住　　宿
1. 臺北全家商務旅館：新北市中和區中和路59號之1，(02)8245-5151。
2. 臺北瑤宮商務旅店：新北市中和區中山路二段39號，(02)2243-2000。
3. 臺北金采商旅：新北市中和區中山路二段538號，(02)2222-9898。

圖 4-6　新北市中和區潑水節活動

24. 國際陶瓷藝術節

國際陶瓷藝術節是文化部所規劃的系列活動之一，同時也是交通部觀光局旅行臺灣年主要活動，從 2001 年開始，舉辦到現在已超過 18 年。國際陶瓷藝術節在新北市鶯歌陶瓷博物館、陶瓷藝術園區舉辦，每年舉辦生動有趣的一系列陶藝活動，凝聚了鶯歌地區的活動力，同時藉由主題活動的規劃與國際陶藝的交流，擴展臺灣陶瓷行銷國際的契機，吸引更多國內外遊客到鶯歌體驗在地陶瓷文化。

GO！一起「砌陶」去。

景 點

1. 鶯歌石

　　鶯歌石為鶯歌鎮最具傳奇色彩的名勝景點，是鶯歌鎮的地理指標。據說鶯歌石過去是個妖怪，會吐出煙霧，並且在當地吃人。最具傳奇色彩的故事為鄭成功擊退荷蘭人之後，部隊路過此處，卻被瘴氣阻礙，因為士卒被鶯歌石所吐的霧吃掉，最後鄭成功部隊使用巨砲轟擊巨石，瘴氣才漸漸散去。

2. 窯廠遺址古煙囪

　　本地的手工陶瓷業因為受到陶瓷工業化的衝擊，使不少傳統燒窯及煙囪，逐漸消失。直到政府重視傳統藝術，而且民間也大聲疾呼，文化保存觀念興起，才發現這些老式的陶窯已被拆除殆盡，只剩下數座窯廠遺址。

3. 古鐘樓

鶯歌鎮的古鐘樓坐落在鶯歌鎮基督教貴格會的後山，藉以用鐘聲警示。今日古鐘樓警示的功能，早已經被過去警察局的擴音設備取代，本地鐘樓目前只剩下建築，供後人憑弔。

4. 山林公園

山林公園依山而建，連接宏德宮、鶯歌石、興碧龍宮等三處景點，自通往鶯歌石的步道，往回走左轉直行，便可以到達。山林公園沿途鳥語花香，樹木扶疏，行走不久之後，山路會漸成 Z 字型走向，遊客便可從不同的方向切入各景點。

5. 謙記商行

「謙記商行」是本地僅剩下來的煤礦公司遺址，保存了過去所建的老式排窯、四角窯。鶯歌的煤礦業在工業現代化產業的競逐之下，逐漸沒落，謙記商行能讓遊客憶起先人燃煤燒窯、蓽路藍縷的一絲鄉愁。

相關社團 ▌

新北市鶯歌區陶瓷文化觀光發展協會：新北市鶯歌區中正一路 223 巷 19 號 B2，(02)2677-7102。

交通資訊 ▌

1. 搭乘火車：搭乘臺鐵火車至鶯歌站下車→文化路出口出站右轉→老街商圈→沿文化路步行約 6 分鐘→鐵軌涵洞→右轉穿過涵洞→陶瓷老街（尖山埔路）→左轉順走文化路 3 分鐘可達陶瓷博物館。

2. 搭乘客運：搭乘臺北客運 702 →臺北中華路→捷運新埔站→板橋→樹林→鶯歌→三峽→陶瓷博物館，步行約 1 分鐘可達陶瓷博物館。

3. 搭乘捷運（含轉乘）：捷運永寧站（板南線）→搭乘臺北客運 917 捷運接駁公車→北二高→鶯歌→陶瓷博物館，步行約 1 分鐘可達陶瓷博物館。

4. 搭乘客運：桃園客運→鶯歌衛生所，步行約 1 分鐘可達陶瓷博物館。

住　　宿 ▌

1. 桃園中信酒店：桃園市民生路 107 號，(03)337-7302。

2. 三鶯福容大飯店：新北市三峽區大學路 63 號，(02)8672-1234。

3. 北國之春汽車旅館：新北市鶯歌區鶯桃路 362-1 號，(02)2678-0899。

圖 4-7　國際陶瓷藝術節位置圖

圖4-8　陶瓷製作流程（❶運用練土機練過瓷土2～3次，讓土質適合拉胚。
　　　　❷砂紙磨勻後，進行彩繪。❸以釉色攪拌機進行拌勻後噴釉。❹窯燒
　　　　時間需要一天燒製，兩天冷卻。）

25. 南投花卉嘉年華

　南投縣埔里鎮埔里花卉物流中心

南投縣為臺灣農業重鎮之一，也是臺灣花卉最重要的生產中心。南投縣政府於 2004 年起在中興新村等地舉辦花卉嘉年華，以大量高品質的的花卉布置成彩虹花海，在整個埔里地區展現出意境幽雅、氣勢磅礡的盆栽藝術。除了美麗的花卉之外，活動結合嘉年華表演，有原住民祭典、寺廟建醮、熱鬧活力的花鼓隊等，形成多元化的節慶系列活動。

幸福花海　美麗樂活

景　點

1. 臺灣地理中心碑

臺灣地理中心碑位於埔里，係為臺灣目前最具特色的旅遊景點之一，又稱為「山清水秀碑」。臺灣地理中心碑造型新穎，紅黑色的碑座上立有不鏽鋼桿，頂端為兩相交花蕊般地圓環，碑上有先總統蔣經國先生所題「山清水秀」四字。

2. 中臺禪寺

中臺禪寺位於南投埔里，由惟覺老和尚所創建，其建築由建築師李祖原設計規劃，融合了中西建築特色的新式建築。中臺禪寺樓高達 136 公尺，高達 37 樓，為全球僅次於天寧寶塔的高樓佛寺。其中寺內以祖師伽藍殿的晶雕玻璃、四大天王、萬佛殿中的藥師七佛塔等佛教藝術作品，較為知名。

3. 埔里酒廠

本酒廠建於 1917 年，以埔里紹興酒聞名。酒廠以甘美的泉水釀酒，產出「介壽紹興酒」、「愛蘭白酒」、「愛蘭囍酒」最為知名。此外，酒廠生產的紹興冰棒、紹興米糕、紹興滷味、紹興茶葉蛋等，亦是值得一嚐的農特產品。

4. 大坪頂農業區

從大坪頂農業區，可遠眺南投四周環山，以及南投特殊的農田風光。

5. 廣興紙寮

廣興紙寮位於愛蘭臺地，以手工紙製造聞名，始建於日據時期，係為保留臺灣手工紙製造歷史的最完整工廠之一。本紙寮擁有打漿、篩紙、烘乾等紙製品製作過程，並可以親手 DIY，動手來造紙。本區並有「埔里紙產業文物館」，展示各種相關的文物或圖幅及文獻。

相關社團▌

財團法人中台山佛教基金會：南投縣埔里鎮中臺路 2 號，(049)293-0215。

交通資訊▌

1. 自行開車

(1)國道三號高北上路線→霧峰交流系統→國道六號日月潭魚池交流道→下埔里交流道出口右轉→往埔里花卉中心方向走→中正路左轉後直行約 600 公尺→右轉是往中臺禪寺→到達埔里花卉物流中心。

(2)南二高北上→中二高（草屯下交流道）→草屯（臺 14 線公路）→埔里（臺 14 線公路）→愛蘭橋→加油站左轉（信義路）→往霧社→循中臺禪寺指標→中正路左轉後直行→埔里花卉物流中心。

(3)國道三號南下→霧峰交流系統→國六高（日月潭魚池交流道）→國六高（下埔里交流道出口右轉）→往埔里花卉中心方向走→中正路左轉後直行約 600 公尺（右轉是往中臺禪寺）→到達埔里花卉物流中心。

(4)臺中→臺中（中港）交流道→中彰快速道路（或中投快速道路）→往草屯（臺 14 線公路）→埔里（臺 14 線公路）→過愛蘭橋→加油站左轉（信義路）→往霧社方向→循中臺禪寺指標→中正路左轉後直行→埔里花卉物流中心。

2. 搭乘客運（含轉乘）

　　⑴臺北、高雄的遊客可搭乘國光客運或火車至臺中→臺中干城車站轉
　　　搭乘南投客運、全航客運或者小巴士→埔里→下車後轉搭計程車約
　　　五分鐘即抵達花卉物流中心。

　　⑵臺北國光客運西站→埔里，自早上 6：00 至 21：00，每小時一班。

　　⑶高雄總達客運→埔里，自 7：30 至 20：00，每日 9 個班次。

住　宿

1. 山魚水渡假飯店：南投縣集集鎮集集里成功路 205 號，(049)276-1000。
2. 石上清泉：南投縣埔里鎮桃米里桃米路 39 號，(049)291-3475。
3. 眉溪曉莊：南投縣埔里鎮牛眠里守城路 2-5 號，(049)299-3038。
4. 臺一花卉驛棧：南投縣埔里鎮蜈蚣里中山路一段 179 號，(049)290-1346。
5. 挑米農莊民宿：南投縣埔里鎮桃米里桃米巷 29-6 號，(049)291-3389。

圖 4-9　南投花卉嘉年華

26. 南投茶香健康節

| 位 置 | 南投水里鄉、魚池鄉、名間鄉、竹山鎮、南投市、信義鄉、鹿谷鄉、仁愛鄉等地。 |

南投是臺灣出產茶葉知名地點，每年此時南投農會舉辦為期一月的茶展活動，以利喜愛品茶的民眾盡情享受飲茶文化。茶香健康節活動舉辦品茶活動以外，並以宣導「竹山番薯」健康美食知名。2013 年 10 月，於南投縣中興新村舉辦「2013 南投世界茶業博覽會」。

乎你免費喝茶，喝到醉

景 點

1. 茶香步道

茶香步道位於往松柏嶺的縣 139 乙 7 公里處，鄰近赤水小村莊，步道全長約 2～3 公里。沿步道而行，可見茶田景觀，包含三合院及製茶廠。

2. 松柏嶺

松柏嶺又名松柏坑，位於八卦山丘陵尾部的最高峰，以茂盛的松柏聞名。松柏嶺氣候涼爽，常年雲霧瀰漫，出產的茶葉由蔣故總統經國先生題名為「松柏長青茶」。

相關社團

南投縣農會：南投縣南投市文昌街45號，(049)222-2021。

交通資訊

1. 自行開車：自臺北開二高→至名間交流道下→左轉139乙縣道→順著此路往松柏嶺的方向前進→約7.5公里即可到達茶香步道。
2. 搭車：由於當地交通較不便，建議最好自行開車。

圖4-10　製茶過程（❶採摘茶葉，以葉片柔軟而且淡綠色的茶葉最好。❷將茶菁放在笳笠上曝曬，溫度為 30～40℃。❸將葉片攪動，進行發酵。❹以高溫炒菁。❺以機器揉捻茶葉，散發茶葉特有的香氣。❻溫度升高至 60℃～65℃進行乾燥。❼最後乾燥時溫度提高至 90℃，含水量降至 3～4%。）

位 置	雲林縣體育館（雲林縣斗六市大學路3段600號）

雲林西瓜盛產季節為每年5～8月，雲林縣政府為了要讓盛產的西瓜廣為人知，藉由舉辦各項競賽活動，例如：西瓜繪畫比賽、西瓜料理比賽、西瓜王比賽，宣傳新品種西瓜，以提升雲林西瓜在北部市場的競爭力，並達到增加經濟效益，傳播更多的西瓜文化資訊。2013年，由雲林縣政府改由農委會臺南區農業改良場主辦。

看西瓜、吃西瓜、玩西瓜

景 點

劍湖山世界

劍湖山世界於1990年開幕之後，成為中南部頗負盛名的旅遊據點。本區占地60公頃，除了主題樂園以外，並擁有劍湖山王子大飯店、劍湖山園外園、夏日奔浪水樂園等景點。

相關社團

社團法人臺灣種苗改進協會：高雄市三民區民族一路523號27樓，(07)343-2004。

交通資訊

1. 自行開車
   (1) 北一高（斗南交流道下）→大業路（縣158斗南方向）→延平路（臺一線）右轉→光華路左轉接雲林

路直行。

　　(2)二高（近古坑交流道）→ 78 東西快速道路→臺三線→大學路左轉。

2. 搭乘火車（含轉乘）：斗六火車站搭乘計程車約 5 分鐘。

住　　宿 ■

1. 緻麗伯爵酒：雲林縣斗六市中山路 6-81 號，(05)5341666。

2. 華安大飯店：雲林縣斗六市民生路 156 號 9 樓，(07)968-2715。

3. 太信大飯店：雲林縣斗六市太平路 7 號 7-11 樓，(05)535-2889。

圖 4-11　臺灣西瓜節

28.

屏東黑鮪魚文化觀光季

| 位　置 | 屏東縣東港 |

臺灣位於黑潮流經之地，因此目前黑鮪魚的漁獲量仍居全世界第一。黑鮪魚文化觀光季是屏東知名的觀光活動，每年由盛大遊街活動及拍賣會揭開序幕，遊客到此能吃到東港著名的三寶：黑鮪魚、櫻花蝦、油魚子等在地美食，還可參加一至三日遊的套裝旅遊行程，帶動了屏東山海觀光線旅遊的熱潮。

> 海中黑金，美味幸福。

| 景　點 |

1. 東港漁業文化展示館

東港是本島外銷漁貨最大的生產地之一，其從事漁業的人口占了全鎮人口的 30%。東港主要魚貨為黑鮪魚、旗魚、劍旗魚、鮪魚等，其年產量約 3 萬公噸，主要外銷美國、日本等國家。

2. 大鵬灣國家風景區

大鵬灣國家風景區成立於 1997 年，位於屏東縣東港鎮和林邊鄉交界處的潟湖區。本風景區擁有廣大的濕地生態系、豐富的生態資源提供了休閒娛樂與生態教育功能。

相關社團 ▋

東港區漁會：屏東縣東港鎮新生三路 175 號，(08)832-3121。

交通資訊

1. 搭乘火車（含轉乘）

　(1)高雄火車站→搭乘國光客運往東港、枋寮、恆春、臺東的班車。

　(2)高雄火車站→搭乘高雄客運往恆春、墾丁的班車，每15分鐘一班。

　(3)屏東火車站→搭乘屏東客運往東港的班車，每15分鐘一班。

2. 自行開車

　(1)由臺北南下高速公路末端往墾丁方向→17號省道（即濱海公路）→
　　　經東港大橋→右轉往東港市區。

　(2)由高雄沿17號省道→東港大橋→右轉往東港市區。

　(3)由屏東沿27號省道→東港大橋→右轉往東港市區。

　(4)由臺東沿9省道→達仁→楓港→1號省道，經枋寮、林邊，即可抵
　　　達東港市區。

住　　宿

1. 大鵬灣大飯店：屏東縣東港鎮中山路59號，(08)835-3222。

2. 新東港旅社：屏東縣東港鎮延平路118-4號，(08)832-2109。

3. 福大旅社：屏東縣東港鎮延平路117號，(08)832-3152。

4. 東之港汽車旅館：屏東縣東港鎮船頭裡水源2街139號，(08)835-2229。

圖 4-12　東港黑鮪魚捕撈及拍賣會過程（❶海撈：黑鮪魚的本來面目。❷上
岸：從船艙將黑鮪魚吊起。❸搬運：黑鮪魚需要大家通力合作搬運。
❹冰存：保持魚的新鮮，必須灑冰塊。❺上架：早上七點由漁會廣播
後推進市場。❻看貨：看準要購買的漁獲。❼過磅：將冰塊從肚中取
出後過磅。❽處理：師父熟練的切割魚肉。）

29.

春天吶喊

墾丁春天吶喊，係臺灣歷史悠久的國際型音樂藝術表演活動。歷年活動以不同音樂主題進行表演，包含臺灣本地歌手、地下樂團、鄉土音樂人，以及熱愛音樂的支持者們，在墾丁鵝鑾鼻國家公園最南點露營區齊聚一堂，同時吸引國內外觀光客前來享受戶外震撼的搖滾音樂。

春天吶喊　用音樂搖滾我們的靈魂

景 點

1. 墾丁大街

墾丁大街由墾丁國家公園牌樓一直延續到墾丁凱薩大飯店之間，形成燈火通明、綿延 2 公里的夜市。到了夜晚，熙熙攘攘的遊客，將本地的商家市集炒得燈火通明、熱鬧非凡。

2. 國立海洋生物博物館

博物館內擁有「臺灣水域館」及「珊瑚王國館」，介紹臺灣豐富魚種和珊瑚礁生態環境，透過參觀本館，了解海洋生態新知，並喚起遊客對於自然環境的尊重。

3. 社頂自然公園

本公園占地 128.7 公頃，全區長期受到東北季風的吹襲，自然形成石灰岩景觀，包含鐘乳石、石筍、石柱等形成物，公園中擁有 50 多種蝴蝶，並復育臺灣梅花鹿，富有觀賞價值。

相關單位█

墾丁國家管理處：屏東縣恆春鎮墾丁路 596 號，(08)886-1321。

交通資訊█

1. 自行開車：南州交流道下後→往新埤／南州前進→轉 187 乙縣道→接臺一線右轉→接臺 26 線→轉屏 165 鄉道左轉，即可抵達。

2. 搭乘高鐵（含轉乘）：搭至高鐵高雄左營站後→轉臺 88 線公車，即可抵達。

3. 搭乘客運：臺北 The Wall 展演中心上車→直達活動會場。

4. 搭乘接駁車：墾丁福華度假飯店對面搭車→直達活動會場。

住　　宿█

1. 墾丁福華度假飯店：屏東縣恆春鎮墾丁路 2 號，(08)886-2323。

2. 荷蘭邨休閒渡假飯店：屏東縣車城鄉仁愛路 36 號，(08)8823131。

3. 墾丁馬爾地夫溫泉大飯店：屏東縣恆春鎮省北路 40 巷 69 號，(08)8898999。

4. 主辦單位提供露營地，可以搭帳棚。

節慶
小博士

什麼是「觀國之光」？

「觀國之光」緣自於《易經》，意思是：「親自沐浴在四方美好的光輝之下」。

「利用賓於王」的意思是：「在朝為官的人仰望君王，君王則禮賓他；不在朝為官的人，君王則理敬他。」

「尚賓」的意思是：「心志所趨，說明他的心志意願留在朝廷為官，接受君王的禮賓。」

從以上的定義來看，最早的觀光含意深遠，具備學習各國禮節的用意，而且因為擔任君王賓客期間，因為道德志節高超，獲得君王的高度肯定。所以，「觀光」最早的含意，絕不是現代淺碟節日（shallow holiday）式的走馬看花，而是努力地觀察學習國外的典章制度及文化習俗。

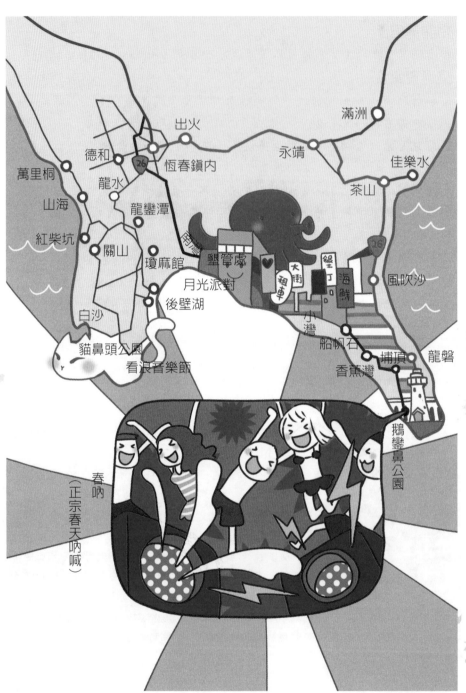

圖 4-13　春吶會場簡圖

30. 宜蘭壯圍哈密瓜節

| 位 置 | 宜蘭縣壯圍鄉 |

宜蘭縣壯圍鄉位於蘭陽平原，其間擁有砂質土壤、充足日照，以及充沛雨水，孕育出美味多汁的哈密瓜。每年 6～7 月，壯圍鄉舉辦哈密瓜節系列活動，飄散濃郁的瓜香，吸引許多遊客前來品嘗。活動中包含了創意體驗，例如：哈密瓜隧道、哈密瓜資訊館、創意瓜雕展示、親子瓜園彩繪競賽。活動期間在現場安排農特產品嚐及宜蘭傳統技藝表演活動。

瓜鄉饗宴　瓜香綿延

| 景 點 |

1. 東港濱海公園

蘭陽溪口是臺灣知名濕地之一，其附近的壯圍鄉東港濱海公園提供自然、休閒及娛樂的去處。公園內林蔭茂密，擁有吊床等設施，躺在吊床上悠然自得，聽到浪花敲打岩岸的自然音韻，一身的疲憊似乎都可以拋到九霄雲外。

2. 跑馬古道

原為「淡蘭古道」，路寬約 3 公尺，全長 5 公里，原為礁溪通往北宜公路的跑馬路，在清朝與日據時期，係為先民運送物資與軍事守備的道路，沿途林蔭茂密、溪水清澈，可俯瞰蘭陽平原全景。

相關社團 ■

財團法人蘭陽農業發展基金會：宜蘭市縣政北路 1 號，

(03)925-1000。

交通資訊 ▉

1. 自行開車：國道 5 號下宜蘭壯圍交流道→沿側車道往壯圍新南方向→
   宜 16（蘭陽溪堤防）左轉→新南遊客服務中心。

2. 搭乘火車（含轉乘）：宜蘭火車站下→專車接送。

住　　宿 ▉

1. 戀戀小棧英式民宿：宜蘭縣五結鄉親河路二段 103 巷 3 弄 11 號，(03)
   9500863。

2. 噶瑪蘭ㄟ古厝民宿：宜蘭縣五結鄉季新村新店路140號，(03)950-2547。

3. 冬山河渡假農莊：宜蘭縣五結鄉協和中路 12-20 號，(03)950-0080。

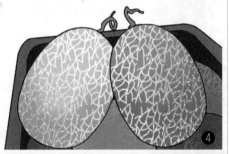

圖 4-14　哈密瓜採收過程（❶收穫：將哈密瓜架高，以方便採收。❷裝箱：
　　　　果實纍纍的哈密瓜。❸載運：載送哈密瓜。❹上市：新鮮美味的哈密
　　　　瓜。）

31.

鯉魚潭螢火蟲季

| 位 置 | 花蓮縣壽豐鄉鯉魚潭 |

鯉魚潭位於花蓮，係臺灣東部最大的內陸湖泊之一，因東傍鯉魚山而取名為鯉魚潭。鯉魚潭的螢火蟲為當地著名的「環境指標物種」，為了保護螢火蟲，每年的繁殖季節，中華民國荒野保護協會花蓮分會在當地進行免費的駐點解說，傳遞生態保育知識，希望民眾共同關懷及呵護美麗棲息環境。

火金姑（臺語） 螢火饗宴

| 景 點 |

1. 遠雄海洋公園

「遠雄海洋公園」位於壽豐鄉鹽寮村面向太平洋的山坡地，占地 50 公頃，園內規劃 8 大主題樂園，包括：歐式建築景觀的海洋村、海獅潭、海洋劇場、嘉年華歡樂街、海道灣、海岸音樂廣場、海底王國、水晶城堡等景點，為臺灣東部頗負盛名的主題樂園。

2. 花蓮鯉魚山步道

從鯉魚潭出發往鯉魚山，沿著多條步道可登上鯉魚山稜線，其中包含健身步道、賞鳥步道、登山步道、環潭自行車道、自然步道、野餐觀景步道、野趣步道、遠眺步道、稜線產業道路，遊客可衡量自身體力及需求，選擇有興趣步行的步道。

3. 富源蝴蝶谷

富源蝴蝶谷位於花蓮縣瑞穗鄉富源村，屬於低海拔闊

葉森林遊樂區。本區由富源溪下切形成，沿溪長滿了濃密的樟樹林，是吸收大自然芬多精的良好去處。

4. 牛山海岸

　　牛山海岸位於花蓮水璉的南方海濱。水璉的阿美族用語為「Ciwdiyan」，意為水蛭很多的意思，漢人稱呼為「水璉」。從水璉到牛山之間的海岸，為東部海岸自然生態保護區之一，擁有豐富而特殊的地質景觀。

5. 立川漁場

　　立川魚場因出產「黃金蜆」而出名，1971 年於花蓮壽豐鄉創建了河蜆的養殖場所。

相關社團 ▋

中華民國荒野協會花蓮分會：花蓮市復興街 98 巷 8 號，(03)835-7070。

交通資訊 ▋

自行開車

1. 北部往花蓮→濱海公路（臺 2 線）、北宜公路（臺 9 線）或北宜高速公路（國道 5 號）→蘇澳→蘇花高速公路→花蓮。
2. 中部往花蓮→草屯往埔里接霧社（臺 14 線）→臺 14 甲線→清境、大禹嶺→中橫公路→花蓮。
3. 南部往花蓮→高雄茗濃經南橫公路（臺 20 線）→臺東池上→臺 9 線，或自屏東楓港接南迴公路（臺 9 線）→臺東達仁→花蓮。

住　宿 ▋

1. 藍海風情海景民宿：花蓮縣壽豐鄉鹽寮村鹽寮 200 之 2 號，0921-171038。
2. 花蓮 11 號海洋民宿：花蓮縣壽豐鄉鹽寮村（臺 11 線 8.5 公里處），03-8531278。
3. 花蓮海月海景精緻民宿：花蓮縣壽豐鄉鹽寮村 176 號，0910-947849。

圖 4-15　鯉魚潭旅遊路線圖

32. 太巴塱箭筍季

| 位 置 | 花蓮縣光復鄉太巴塱 |

花蓮縣光復鄉「太巴塱」栽植箭筍已有半個世紀的歷史，是臺灣原住民阿美族的世居地。本地箭筍為臺灣特有種，經過阿美族人進行改良栽培，提升產品品質，同時造就太巴塱成為最著名的劍筍產地。近年來花蓮縣政府為了推銷農產品，於每年 3～4 月舉行「太巴塱箭筍季」，以樂活健康為主題，結合觀光旅遊活動，遊客除了品嚐新鮮的箭筍大餐之外，也能享受花蓮的青山綠水風貌。

無毒有我，踏春尋筍，太巴塱箭筍節

| 景 點 |

1. 花蓮糖廠

　　花蓮糖廠興建於日據時代，擁有龐大規模日式建築群。糖廠以檜木建造的房舍，係為日據時期的糖廠員工宿舍，其懷舊風情至今仍為花蓮糖廠最珍貴的資產之一。

2. 馬太鞍濕地生態園區

　　馬太鞍濕地生態園區位於花蓮縣光復鄉馬錫山腳下，其天然湧泉形成的濕地生態環境，孕育出多達百種的水生植物，吸引了鳥類、蛙類與昆蟲前來進駐，是一處充滿生機的濕地環境。

相關單位 ■

1. 花蓮縣政府：花蓮市府前路 17 號，(03)822-7171。

2. 花蓮縣光豐地區農會：花蓮縣光復鄉中華路 193 號，(03)870-2231。

交通資訊

1. 自行開車
   (1) 國道五號：由國道一號（中山高）→汐止系統交流道轉走國道五號（北宜高速公路）→過雪山隧道，由蘇澳交流道下往臺 9 號方向行駛→過光復火車站後→林田幹線道路→光復糖廠。
   (2) 國道五號：由國道三號（二高）→南港系統交流道→國道五號（北宜高速公路）→雪山隧道→蘇澳交流道下往臺 9 號方向行駛→光復火車站→林田幹線道路→光復糖廠。
2. 搭乘火車：搭乘火車至光復車站→往南步行約 10 餘分鐘即可到達光復糖廠。
3. 搭乘公車
   (1) 搭乘往花蓮方向的公車→光復鄉臺糖站，步行約 5 分鐘即可到達光復糖廠。
   (2) 搭乘往玉里方向的公車→光復鄉臺糖站，步行約 5 分鐘即可到達光復糖廠。

住　宿

1. 花蓮砇傣岸民宿：花蓮縣光復鄉中興路 176 巷 1 弄 2 號，(03)870-6666。
2. 馬太鞍驛棧：花蓮縣光復鄉中山路二段 85 號，(03) 870-1041。

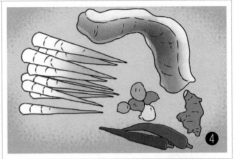

圖 4-16　挑箭筍及搭配佐料的過程（❶選材：選擇長度適中的箭筍。❷採摘：向後折之後，拔起來才完整。❸捻轉：要用旋轉的方式剝。❹佐料：用瘦肉、薑、大蒜、紅辣椒，熱炒。）

33.

澎湖國際海上花火節

| 位 置 | 澎湖縣馬公市觀音亭西瀛虹橋海堤 |

澎湖縣政府於 2003 年開始和中華航空合作合辦「千萬風情在菊島」的活動，揭開了澎湖國際海上花火節的序曲。每年在漁人碼頭施放高空煙火秀，邀請國內知名歌手、團體演出，成為當地夏季頗負盛名的盛會，也歡迎各地旅客在夏季期間欣賞燦爛的入夜美景。

夏夜海風，煙花燦爛，情侶恩愛

| 景 點 |

1. 澎湖天后宮

澎湖天后宮位於澎湖縣馬公市，供奉媽祖，是臺灣地區歷史最悠久的廟宇。天后宮原稱娘娘宮、天妃宮或媽宮，成為馬公市的舊稱，現在臺語地名「馬公」仍以「媽宮」稱之。

2. 虎井嶼

虎井嶼島嶼中央低平，為澎湖島的第七大島，其玄武岩排列的海崖，形成著名的景點。在退潮之際，虎井嶼擁有「虎井澄淵」的壯麗景色，本地距馬公市約 7 海浬，開船約需 25 分鐘可以抵達。

相關單位 ▌

澎湖縣政府：澎湖縣馬公市治平路 32 號，(06)927-4400。

交通資訊

1. 搭乘飛機：搭乘立榮、復興、華信等航空公司，分別從臺北、臺中、臺南、嘉義、高雄起飛，票價 1500～2000 元。觀光旺季，視旅客需求增加班次。

　　臺北：松山機場→澎湖：馬公機場。

　　嘉義：嘉義機場→澎湖：馬公機場。

　　臺中：臺中機場→澎湖：馬公機場。

　　臺南：臺南機場→澎湖：馬公機場。

　　高雄：小港機場→澎湖：馬公機場。

　　七美：七美機場→澎湖：馬公機場。

　　七美：七美機場→高雄：小港機場。

　　望安：望安機場→高雄：小港機場。

2. 搭乘船隻：至馬公第 3 漁港碼頭（南海遊艇碼頭）、赤崁遊艇碼頭搭船，往返臺灣。

　　嘉義：布袋港→澎湖：馬公港。

　　臺中：臺中港→澎湖：馬公港。

　　臺南：安平港→澎湖：馬公港。

　　高雄：高雄港→澎湖：馬公港。

住　宿

1. 海洋渡假村：澎湖縣馬公市臨海路 3 號，(06)927-3888。
2. 和田飯店：澎湖縣馬公市民權路 2 號，(06)926-3936。
3. 澎湖海悅飯店：澎湖縣馬公市民福路 75 號，(06)926-9166。
4. 華馨飯店：澎湖縣馬公市三民路 40 號，(06)926-4911。

　　臺灣地區最古老的廟宇為澎湖的媽祖天后宮，建於明朝萬曆 12 年（公元 1592 年），為國家一級古蹟。清代時，水師提督施琅率兵戰勝明鄭部隊之後，奏請皇上加封天后，以達平定民心的效果，因此媽祖宮又稱天后宮。

節慶小玉女

臺灣地區最古老的廟宇

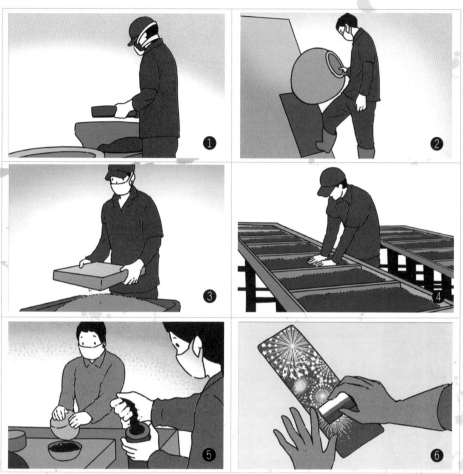

圖 4-17 煙火製作過程（❶配藥：將原料進行配置。❷選粒：加入不同金屬
比重造成層次感。❸篩選：篩選掉不良的雜粒。❹曬藥：讓煙火均勻
乾燥。❺組裝：組裝煙花。❻貼紙：貼上標籤紙。）

34.

浯島迎城隍觀光季

位　置　金門縣金城鎮

金門城隍爺遶境習俗已有 300 多年的歷史。金門古稱浯島，在明朝初年時邑主「城隍」坐鎮顯靈，又於清朝康熙 19 年隨總兵官陳龍「分火」之後，移駐後浦。每年農曆 4 月 12 日，爲紀念浯島邑主城隍遷治，金門信徒會舉行遶境巡安活動，以各式陣頭、神輿及彩旗助陣，並展開各項慶祝活動。到了 2013 年，改稱爲「金門迎城隍—浯島宗教文化觀光季」。

家家戶戶迎城隍、傳承信仰在人心

景　點

1. 浯島城隍廟

金門後浦因為當地興建浯島城隍廟，以祈求百姓安居樂業。在當地，「四月十二」已成為後浦城隍爺生日的代名詞。

2. 翟山坑道

位於古崗湖東南方的人工鑿成花崗石通道，在 1961 年開挖之後，歷時 5 年完成，可容納小艇 42 艘。

3. 模範街

明朝末年，曾為鄭成功練兵的內校場所，現為金門最具特色的古老街道之一，其中擁有 1925 年由華僑集資興建的洋樓店屋的拱門建築。

相關社團

城隍廟管委會：金門縣金城鎮西門里光前路 40 號，(082)325-939。

交通資訊

搭乘飛機

臺北：松山機場→金門：尚義機場。

嘉義：嘉義機場→金門：尚義機場。

臺中：臺中機場→金門：尚義機場。

臺南：臺南機場→金門：尚義機場。

高雄：小港機場→金門：尚義機場。

住　宿

1. 大成飯店：金門縣金城鎮北門里 26 鄰民生路 16 號，(082)324851-8。

2. 上賓飯店：金門縣金城鎮南門里民權路 35 號，(082)321-528。

3. 六桂飯店：金門縣金城鎮莒光路 166 號，(082)372-888。

4. 金帝大飯店：金門縣金城鎮西門里民權路 107 號，(082)323-366。

5. 新金瑞大飯店：金門縣金城鎮民權路 166 號 1-7 樓，(082)323-777。

圖 4-18　浯島迎城隍（❶每年農曆 4 月 12 日城隍爺誕辰。❷迎城隍時的舞龍隊伍。❸浯島城隍廟主神的本尊。）

第五章
秋季的節慶

秋
收

雲母屏風燭影深，長河漸落曉星沉。

嫦娥應悔偷靈藥，碧海青天夜夜心。——唐・李商隱（公元 813—858 年）《嫦娥》

年年有吉慶，中秋慶團圓
中秋節賞月起源於古代的祭月

到了八月十五日，是祭月的日子。

在中國的農曆，一年分為四季，每季又可以分為孟、仲、季三部分，因此中秋也稱為「仲秋」。

中秋節的祈神拜月，可以上溯到秦朝以前的古籍。目前在廣西壯族地區，仍舊流傳祭月亮的風俗，所以中秋節也叫做「祭月節」。

周朝君王有春天祭日、秋天祭月的禮制，到了中秋夜都要舉行迎寒和祭月的典禮。在《禮記》中記載：「天子春朝日、秋夕月。朝日以朝、夕月以夕。」而最早的「中秋」一詞，見於《周禮》。

夕月在此的意思，也就是說要在秋分晚上的

時候祭月，也就是「秋暮夕月」的習俗。儀式是在中秋月出的時候，開始祭祀，祭祀過後分給大家祭祀的肉，開始舉行飲宴，並且進行賞月活動。

最早的祭月節是定在秋分的這一天，不過由於秋分不一定都有圓月可以看。所以，後來就將祭月節由秋分改為八月十五日中秋節，以欣賞圓月。

漢朝以後，在中秋節祭月、拜月逐步演變成為賞月的習俗，而真正形成全國性的節日，則是始於唐朝。這個全國性的賞月節慶，又叫做月夕、秋節、仲秋節、拜月節、八月節、追月節、玩月節、女兒節，或是團圓節。

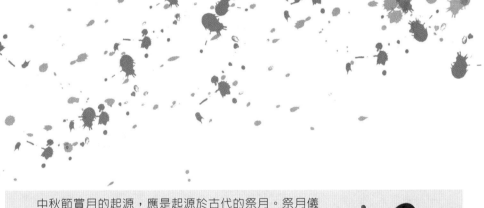

中秋節賞月的起源，應是起源於古代的祭月。祭月儀式源自於遠古時期，先民對月亮的崇拜儀式，後來月亮擬人化之後，成為月神。然而，在周朝時祭月儀式搭配祭祀，正式成為皇家祀典。中國歷代皇帝稱月神為「夜明之神」，道教稱為太陰星君，民間則認為月神是奔月的嫦娥。

節慶小玉女

中國人為什麼要祭月？

秋季的實例
SOP 標準製作流程

秋季的節慶、觀光與民俗
本章主要說明農曆 7～9 月主要節慶、觀光活動，案例如下：

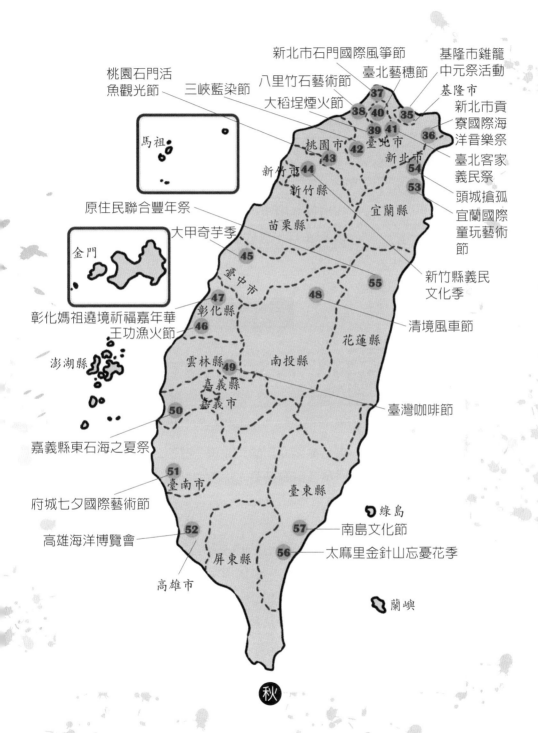

桃園石門活
魚觀光節　　三峽藍染節

新北市石門國際風箏節

八里竹石藝術節　　臺北藝穗節

大稻埕煙火節

基隆市雞籠
中元祭活動

基隆市

馬祖

新北市貢
寮國際海
洋音樂祭

臺北客家
義民祭

頭城搶孤

宜蘭國際
童玩藝術
節

37
38　40　35
39　41
42　36
43
44　54
53

桃園市
臺北市
新北市

新竹市

新竹縣

宜蘭縣

苗栗縣

金門

原住民聯合豐年祭

大甲奇芋季

45

臺中市

47
46

彰化縣

55

48

新竹縣義民
文化季

清境風車節

彰化媽祖遶境祈福嘉年華
王功漁火節

澎湖縣

雲林縣

49

南投縣

花蓮縣

嘉義縣

嘉義市

50

臺灣咖啡節

嘉義縣東石海之夏祭

51

臺南市

臺東縣

府城七夕國際藝術節

綠島

高雄海洋博覽會

52

57

南島文化節

56

太麻里金針山忘憂花季

屏東縣

高雄市

蘭嶼

秋

35.

基隆市雞籠中元祭活動

| 位 置 | 基隆市基隆港 |

雞籠中元祭是基隆地區每年農曆 7 月舉辦的民俗祭典，活動包含宗教儀式與周邊藝文活動，從農曆 7 月 1 日起老大公廟開龕門開始，7 月 12 日的主普壇開燈放彩，7 月 13 日迎斗燈遶境祈福，7 月 14 日放水燈遊行、海濱放水燈頭，以及 7 月 15 日公私普渡、跳鍾馗，到了農曆 8 月 1 日的關龕門等，活動時間長達一個月。

百年臺灣傳統慶典，華麗開幕！

| 景 點 |

1. 基隆港

基隆港位於臺北市的東北角，三面環山，係臺灣四大港口之一。基隆港為臺灣北部的海運樞紐，也是基隆重要的地標。

2. 中正公園

位於基隆港東側山丘上的中正公園，為基隆市民最愛去的戶外休閒場所。公園廣場可以俯瞰基隆港口及基隆市街。在中正公園附近的梅園內，置有 1887 年英國製 8 吋鋼砲，係為白米甕砲臺移過來的古物。

相關社團 ▮

張廖簡姓宗親會：基隆市仁愛區孝一路 79 之 3 號，(02)2427-5382。

交通資訊 ▌

1. 自行開車：北二高最北端出口→基隆港。
2. 搭乘火車：搭乘臺北往蘇澳、花蓮、臺東間列車→基隆站下車，出站步行 5 分鐘左右，走出火車站的左手邊方向→基隆港西岸碼頭。
3. 搭乘客運：搭乘客運→基隆車站→基隆港。

住　宿 ▌

1. 華帥海景飯店：基隆市孝二路 108 號，(02)2422-3131。
2. 基隆長榮桂冠酒店：基隆市中正路 62-1 號，(02)2427-9988。

　　農曆七月十五日是中元節又稱「中元普渡」，這一天臺灣各地都有非常多不同的慶典活動，像是放水燈、搶孤⋯等。傳說地藏王菩薩發願要普渡眾生，便在每年的這一天打開鬼門，讓鬼魂們回到人間，然而被稱為好兄弟的孤魂野鬼們也會跟著來到人間，人們為求平安便開始祭拜許多的食物、水果。

節慶小玉女

中元節

圖 5-1　基隆市雞籠中元祭活動

36.

| 位 置 | 新北市貢寮區 |

角頭音樂的負責人張四十三，在 2000 年首推「貢寮國際海洋音樂祭」，主要係仿效國外的伍茲塔克音樂節（Woodstock Festival），第一次辦理的時候，創下 8,000 人次的佳績。但是到了 2004 年，因為核能發電廠的建設導致當地嚴重的沙灘流失，需要填補沙灘流失，以維持活動的進行。

用音樂震撼你我的熱情 豐富你我的心靈

| 景 點 |

1. 龍洞灣海洋公園

本區海濱地質型態特殊，擁有多樣化的海洋生態，係觀察生物環境的首選之地。此外，由於當地特殊的海灣地形，抵擋洶湧的潮流，也是絕佳的浮潛及潛水地點。

2. 東北角暨宜蘭海岸國家風景區

本風景區豐富的地質型態與美麗的海景，是宜蘭著名的景點。其中龍洞峽、三貂角、貓鼻頭等的海蝕地形相當著名，海峽環繞，美不勝收。

相關社團

社團法人臺灣誼光協會：臺北市中正區博愛路一巷一號三樓，(02)2375-5413。

交通資訊

1. 自行開車

(1)由八堵下北部濱海公路交流道→瑞八公路→瑞芳接濱海公路→本區。

(2)基隆下高速公路→銜接濱海公路→八斗子→貢寮。

2. 搭乘火車：搭乘臺北往蘇澳、花蓮、臺東間列車→貢寮站或福隆站。

3. 搭乘客運

(1)臺北市北站→搭乘國光客運臺北羅東線→福隆海水浴場站下車。頭城國光車站頭城雙溪線→福隆海水浴場站。

(2)臺汽客運普通車→宜蘭至雙溪間班車→本區福隆、貢寮村。

(3)搭乘基隆客運濱海線→基隆→本區福隆。

住　宿

1. 福容大飯店：新北市貢寮區福隆里福隆街 40 號，(02) 2499-2381。

2. 九岸海景會館：新北市貢寮區澳底仁愛路 106 巷 36 號，(02)2490-3955。

3. 驛舍民宿：新北市貢寮區福隆里惠隆街 19 號，(02)2499-1552。

圖 5-2　貢寮海洋音樂祭

37.

新北市石門國際風箏節

位 置	新北市石門區

石門區位於臺灣最北端，東北季風強烈，極適合放風箏，白色沙灘與海景，是風箏愛好者的口袋地點之一。當地流傳著九月九風箏滿天哮的諺語，訴說著石門與風箏的淵源。石門區舉辦「風箏的故鄉」的活動之後，新北市政府擴大舉辦石門風箏節，在國際間打響石門風箏的名號。在 2013 年，改稱爲「新北市北海岸國際風箏節」。

> 讓風箏找回你我的童趣，一起感受石門風箏的魅力

景 點

1. 石門風力發電站（風車公園）

石門風力發電站係臺灣本島第一座商業運轉的風力發電機組，為了配合地方觀光發展，將各種高低壓電纜管路地下化，並闢建人行步道與觀景臺，設置停車場、洗手間、即時運轉資訊看板與照明設施等。

2. 十八王公廟

乾華十八王公祠，是石門區乾華里十八王公的合祀廟宇。許多人相信祭拜義犬公，能贏得狗類的忠心相待。十八王公的傳奇至今仍為人津津樂道，使這座山旁的小廟，成為當地熱門觀光景點的原因。此外，鄰近的粽子店所賣的燒肉粽是當地的美食特色之一。

相關社團 ▊

社團法人中華民國風箏推廣協會：臺北市中山區長安東路二段178號3樓之4，(02)2776-0026。

交通資訊 ▊

1. 搭乘客運

   於淡水捷運站前、基隆火車站旁→搭乘兩地對開的淡水或基隆客運→老梅站。

2. 自行開車

   (1)高速公路國道3號（基金交流道）→2號省道→萬里→金山→石門（2號省道26.5公里處）。

   (2)高速公路國道1號（五股交流道）→64號快速道路→八里五股（往淡水方向）→關渡大橋→竹圍→紅樹林→2號省道→三芝→石門（2號省道26.5公里處）。

   (3)臺北→士林→關渡→竹圍→紅樹林→2號省道→三芝→石門（2號省道26.5公里處）。

住　宿 ▊

1. 白沙灣藝廊民宿：新北市石門區德茂里白沙灣別墅46號，0928-560-770。

2. 阿里磅生態農場民宿：新北市石門區阿里磅84號，(02)2638-2745。

3. 白沙灣濱海民宿：新北市石門區德茂里下員坑15號，(02)2503-5838。

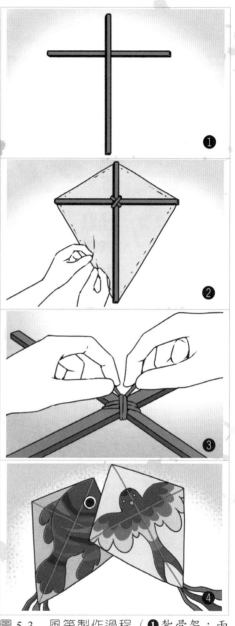

圖 5-3　風箏製作過程（❶紮骨架：兩根竹條直角交叉，牢牢紮緊。❷糊紙：將紮好的骨架，黏貼在菱形的紙面上。❸綁線：在適當的施力點上紮上提線。❹彩繪：風箏上彩繪各種圖案。）

圖 5-4　石門國際風箏節位置圖

38. 八里竹石藝術節

位 置	十三行博物館陽光廣場

新北市政府舉辦的八里竹石藝術節，結合當地產業與作物，介紹地方石材及石雕產業，除了美麗石雕還有特色創意市集，了解石雕產業外，還能品嚐到黃金筍的美味。

> 來一段左岸河畔的竹石奇遇吧。

景 點

1. 十三行博物館

是北臺灣唯一以考古為主題的博物館，而臺灣的史前文化更因為十三行博物館而更讓人熟悉，除了是八里地區的社區博物館之外，本博物館更是八里左岸首屈一指的的環境生態博物館。

2. 八仙海上樂園

位於新北市，擁有完整又新潮的遊樂設備，分為水上樂園、生態世界，以及大唐溫泉物語。擁有號稱全東南亞最長的滑水道，可欣賞水天一色的山景和海景。

相關社團

八里區農會：新北市八里區訊塘里中山路二段 366 號，(02)2610-2996。

交通資訊

1. 自行開車

(1)臺北往淡水→大度路→關渡大橋，接八里方向臺15 線→五股交流道下。

⑵接臺 15 線往八里→林口交流道下往八里→北二高中正機場支線出，連接臺 15 線北上。

2. 搭乘捷運（含轉乘）：捷運關渡站下車→轉搭紅 13 或紅 22。

3. 搭乘客運：搭乘三重客運林口→八里、八里→板橋、淡水客運淡水→八里、聯營公車 632 八里→北投、 704 （八里→北門塔城街） 至十三行博物館。

4. 搭乘船隻：淡水渡船頭轉搭渡輪→八里。

住　宿∎

1. 新八里汽車旅館：新北市八里區頂寮一街 12 號，(02)2618-8866。

2. 海世界汽車旅館：新北市八里區龍源里龍米路一段 72 號，(02)2618-2111。

圖 5-5　黃金筍

39.

大稻埕煙火節

| 位 置 | 大稻埕碼頭附近（淡水河 3 號至 5 號水門河域、延平河濱公園及忠孝橋側面） |

自 2005 年開始，本河段配合七夕，即有放煙火的活動。活動結合淡水河、大稻埕碼頭及藍色公路，以達到活化當地商圈，促進觀光產業的效益。

情人互擁，家人攜手，花火夜空

| 景 點 |

迪化街

　　位於臺北市大同區，往昔是臺北重要的南北貨、茶葉、中藥材及布匹的集散中心。迪化街全長約 800 公尺，大部分老街建築都刻意保存，係臺北市保留最完整的老街。

相關單位▌
臺北霞海城隍廟：臺北市迪化街一段 61 號，(02)2558-0346。
交通資訊▌
1. 搭乘捷運
　(1)如搭乘捷運淡水線→雙連站，於 2 號出口，往西沿民生西路步行至五號水門，約 20～25 分鐘抵達。
　(2)如搭乘捷運→臺北車站，可於 1 號出口，往西沿市民大道、鄭州路步行至三號水門，約 10～15 分鐘。
2. 搭乘火車：搭臺鐵火車至臺北車站→臺北車站北門出口，往西沿市民大道、鄭州路步行至三號水門，步行約 10～15 分鐘。
住　　宿▌
1. 西華飯店：臺北市民生東路三段 111 號，(02)2718-

1188。

2. 晶華酒店：臺北市中山北路二段 39 巷 3 號，(02)2523-8000。

3. 國賓大館店：臺北市中山北路二段 63 號，(02)2551-1111。

4. 圓山大飯店：臺北市中山北路四段 1 號，(02)2886-8888。

圖 5-6　大稻埕戎克船

40. 臺北藝穗節

<table>
<tr><td>位　置</td><td>跨越臺北市五大特區，包括臥龍貳玖、倉庫藝文空間、牯嶺街小劇場、南海藝廊、西門紅樓、老宿舍、咖啡廳、華山 1914 文創園區－果酒禮堂、臺北國際藝術村等場地。</td></tr>
</table>

本活動源自於 1947 年英國愛丁堡藝術節，當時有幾個藝術團體未受邀參加，於是便自行籌組了藝穗節，當時全世界也有四大洲，超過 44 個城市，每年也舉辦藝穗節，係為國際性的藝術盛事。臺北藝穗節提供表演團體的機會和舞臺，目的是希望能夠讓那些想發揮，而且充滿創意的表演團體，發揮創意，並且嶄露頭角。

藝穗創意、獨立及活力

<table>
<tr><td>景　點</td></tr>
</table>

1. 陽明山國家公園

　　陽明山國家公園係為以大屯火山群為主的火山地形。國家公園中有遊憩區與保護區，保護區需要申請，才可以進入。此外，臺北市政府管理的陽明山公園，每到 2～3 月陽明山花季，許多遊客慕名前來，向來有「城中山林」與「臺北市後花園」的美譽。

2. 臺北光點

　　臺北光點是過去美國副總統尼克森來臺灣訪問時，住過的老洋房，2002 年改為臺北光點。臺灣電影文化協會對臺北光點的經營定位為「結合古蹟魅力與電影藝術，成為創意交流的場域」。希望能藉由古蹟與電影的結合，拓展文

化視野，加深歷史與文化的廣度。

相關社團 ▊

財團法人臺北市文化基金會：臺北市市民大道五段 99 號 2-4 樓，(02)2528-9580。

交通資訊 ▊

1. 南海特區的表演場地：搭乘捷運紅線→中正紀念堂，步行約 10 分鐘內抵達。

2. 西門特區的表演場地：搭乘捷運板南線→西門站，步行 10 分鐘之內可抵達。

3. 東區的表演場地：搭乘捷運藍線→忠孝敦化站、忠孝復興站及忠孝新生站，步行 10 分鐘之內可抵達。

住　宿 ▊

1. 寒舍艾美酒店：臺北市信義區松仁路 38 號，(02)6622-8000。

2. W Taipei：臺北市信義區忠孝東路五段 10 號，(02)7703-8888。

3. 臺北花園大酒店：臺北市中正區中華路二段 1 號，(02)2314-6611。

4. 晶華酒店：臺北市中山北路 2 段 41 號，(02)2523-8000。

有關城隍的民間故事最早從六朝時代就有記載，其內容都圍繞在死後的故事為主，因此有地下的知府、知縣之稱，於是乎的成為地下的判官，審理死人生前的所作所為，但也有地方的守護神之稱。

節慶小金童

城隍

湖口街

南昌路一段

兩海藝廊

臺北教師會館

牯嶺街小劇場

南海路

牯嶺街小劇場

雲鼎商務旅店

臺北市政府
警察局

再現劇團藝術工場

牯嶺街

牯嶺街9巷

郵政博物館

圖 5-7　臺北藝穗節地點

41. 臺北客家義民祭

位 置	臺北市東區「松山菸廠」

客家義民祭將客家族群的傳統信仰，運用嘉年華遊行的方式呈現，並邀請全國客籍鄉親，運用客家元素，展現客家生活與精神。歷年來系列活動豐富多元，有客家習俗的遶境儀式、客家陣頭表演、客家義民精神的挑擔奉飯，以及謝神大戲，讓民眾感受客家的人文精神。

義民驚人，文化傳承

景 點

1. 信義商圈

信義計畫區內有許多地標般的商業建築，例如：世貿展示館、國際會議中心、市政大樓、威秀影城、新光三越信義新天地、新舞臺、臺北 101 大樓、君悅飯店等。信義商圈內的百貨公司，館與館之間有空中廊道相連，不需上下樓、過馬路便能享受逛街的樂趣。

2. 饒河街夜市

饒河街夜市是臺北市最早的觀光夜市，雖然規模不大，但攤位集中是其特色。當地最有名的東發號招牌的蚵仔麵線，香噴噴的陳董藥燉排骨，販賣各種滷味的東山鴨頭，鮮嫩十足的蟹腳蟹肉等，都是老饕的最愛。

相關社團

臺北市政府客家事務委員會：臺北市大安區信義路三段

157 巷 11 號，(02)2702-6141。

交通資訊 ▌

1. 自行開車：中山高（一高）建國交流道→建國高架橋忠孝東路出口→左轉忠孝東路 3 段，往前開 5～10 分鐘→國父紀念館→正對面就是松山菸廠。

2. 搭乘公車：公車光復南路國有財產局站 204、254、266、282、288。

3. 搭乘捷運：板南線國父紀念館站。

住　　宿 ▌

1. 臺北君悅大飯店：臺北市信義區松壽路 2 號，(02)2720-1234。

2. 太平洋商務中心臺北會館：臺北市信義區光復南路 495 號 11 樓，(02)8780-8000。

3. 萬事達旅店（松山店）：臺北市信義區松山路 153 號 2 樓，(02)2763-6660。

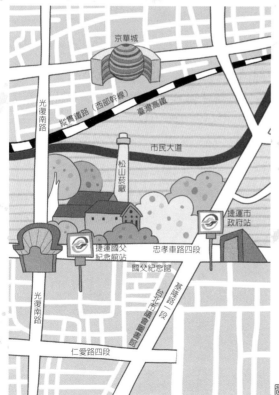

圖 5-8　松山菸廠位置圖

42.

三峽藍染節

| 位 置 | 新北市三峽區 |

藍染是傳統採用大菁染布的方法，而早期三峽因盛產大菁，而且交通便利，因此成為北臺灣的染布中心。三峽藍染節目的在提升藍染產品，並提升產品創意，帶動傳統產業的發展。

天空藍、海水藍、三峽染

| 景 點 |

1. 三峽老街

三峽老街是北臺灣傳統老街之一，以保存良好的巴洛克式的紅磚建築，以及拱廊騎樓建築環境而聞名。本區過去以染布、製材及茶莊知名，現為童玩、文藝品取而代之。

2. 三峽祖師廟

三峽清水祖師廟自古以來，即是三峽區的信仰中心。祖師廟創建於清朝乾隆 34 年，後來因為大地震，且遭日軍燒毀而重建。光復之後，李梅樹主持改建，施工時期長，惟因手工雕琢精美，有「東方藝術的殿堂」的美譽。

相關社團 ▮
三角湧文化協進會：新北市三峽區民權街 84 巷 2 號，
(02)2671-8058。

交通資訊 ▮
1. 自行開車：中山高（一高）三鶯交流道下→復興路前進，復興路口右轉→第一個路口右轉至大智路→第一個路口左轉，抵達中山路。

2. 搭乘火車（含轉乘）：搭火車在鶯歌火車站→桃園客運，在三峽站下車，
   徒步三分鐘抵達。

住　宿█

1. 義鴻民宿：新北市三峽區有木里 217 號，(02)2672-0585。
2. 三峽花岩山林民宿：新北市三峽區有木里有木 104-1 號，(02)26749618。

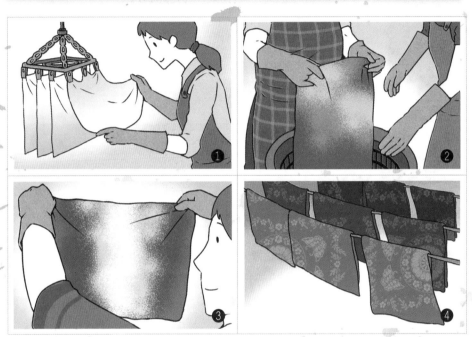

圖 5-9　藍染過程（❶退漿：布料經過退漿及漂白的過程。❷染色：放入染缸
　　　　內 2～5 分鐘，氧化浸色。❸氧化：歷經 20 分鐘，染布由綠變藍。❹
　　　　晾乾：用水清洗，泡醋 20 分鐘，自然晾乾。）

43.

桃園石門活魚觀光節

| 位置 | 桃園市石門水庫 |

石門水庫附近活魚餐廳非常多，擁有石門活魚街的美名，成為當地一大特色。石門活魚節活動結合當地景點及美食，透過接駁公車、自行車，以及阿姆坪的遊艇等交通工作，當餐廳主廚將活魚料理運上船，讓騎乘自行車上船的遊客，能一邊坐船游湖，一邊在湖上享用活魚，真是一大享受。

十全十美、活魚百吃、幸福久久、百元饗宴

| 景點 |

1. 老貝殼休閒農場

老貝殼休閒農場是綜合性農場，具備許多遊憩功能與設施，適合闔家進行育樂、休閒、餐飲、住宿活動。該農場以漆彈、親子戲水池、趣味障礙賽、高空探索、DIY 工藝品項目吸引遊客。

2. 龍潭大池

龍潭大池營造於清朝乾隆 13 年，昔日每年端午節都會舉辦大型龍舟比賽，是龍潭著名的歷史地標，兼具水源灌溉和遊憩的特色。其中擁有相關休閒設施，例如休憩綠廊、濕生植物區、兒童遊戲區、碼頭廣場、情人庭院區等。

相關社團

桃園縣旅行商業同業公會：桃園縣桃園市中山路 545 號 17 樓，(03)3313111。

交通資訊

1. 自行開車
   (1)國道一號自南崁交流道下→接4號省道→經桃園區、八德區及大溪區
      →3號省道→北區水資源局。
   (2)北二高自龍潭交流道下→ 113 縣道→龍潭區→北區水資源局,並抵
      石門水庫。
2. 搭乘公車:搭乘至文化路活魚街。

住　　宿

1. 石門水庫福華渡假別館:桃園市龍潭區大平村民富街176號,(03)411-
   2323。
2. 楓林大飯店:桃園市龍潭區中正路206號,(03)479-2364。
3. 悅華大酒店:桃園市龍潭區九龍村23鄰39號,(03)480-3388。

圖 5-10　石門活魚

44.

新竹縣義民文化節

由新竹縣市、桃園市等地區（楊梅、新屋、觀音、中壢一小部分、龍潭一小部分）劃分 15 個區域，15 年輪流主辦一次。

從全球客家文化節，到義民文化祭，舉辦新竹縣義民文化節主要目的是要讓民眾了解義民爺的歷史文化。每年的活動均將客家固有文化，加入嶄新的時代元素，使得本地義民文化祭成為全臺矚目的焦點。

來去客庄、認識義民

景　點

新竹義民廟

　　新竹義民廟是全臺歷史最久的義民廟，係為全臺客家信仰中心，同時也是全臺義民廟的總壇，香火相當鼎盛。廟宇建於清乾隆 53 年（公元 1788 年），廟中合祀三山國王、神農黃帝、以及觀世音菩薩，每年農曆 7 月 20 日舉辦義民節活動，由當地 15 大庄區域輪流主祀。

相關單位▉

1. 行政院客家委員會：臺北市信義區松仁路 3 號（中油大樓）8 樓，(02)8789-4567。
2. 新竹義民廟：新竹縣新埔義民路三段 306 號，(03)588-2238。

交通資訊▉

1. 自行開車
   (1)中山高速公路竹北交流道下→博愛路→竹北左轉至枋寮。

(2)由中山高速公路湖口交流道下→臺1線往新埔方向，於59公里左右處左轉叉路→湖口裝甲基地旁勝利路→竹14號路左轉往新埔方向到4.8公里處即達。

2.搭乘客運：由新竹火車站對面的新竹客運總站→往新埔經枋寮的班車，在義民廟下車。

圖 5-11　新竹縣客家義民文化祭

45.

大甲奇芋季

位　置　臺中市大甲區中山路一段 1372 號大甲農會

大甲農會於 2000 年開始舉辦大甲奇芋季，掀起了大甲奇芋季的序幕。本區鐵砧山因為氣候與土質適合種植芋頭，生產的芋頭綿密香甜，形成當地的特色。每年中秋節前後是芋頭上市的佳節，臺中市大甲農會的頂店倉庫廣場，聚集人潮，除了享用農特產品之外，還提供許多遊戲，係為當地知名的市集地點。

大甲芋頭，快來嚐鮮，來趟美麗的奇芋冒險吧！

景 點

1. 大甲鐵砧山

鐵砧山位於臺中大甲區成功路，因外觀類似鐵砧而得名。早年因為地勢險要，成為著名的軍事據點，今日已經成為觀光景點。鐵砧山風景區的知名景觀包括劍井、忠烈祠、延平郡王像，以及永信公園。

2. 貞節牌坊

貞節牌坊係為表揚林春娘所建立。林氏因為家境清寒，出生時即送給余姓人家當做童養媳，但 12 歲時丈夫因為溺水過世，但春娘不願改嫁，繼續奉養婆婆，自己卻三餐不繼，孝行受到眾人的讚揚。清朝政府為表彰其貞節，特別在此地建立貞節牌坊。林氏被後人稱為「貞節媽」，為大甲三神之一，大甲著名的鎮瀾宮內，便有一尊供奉祂的神像。

相關社團

大甲區農會：臺中市大甲區文武路 10 號，(04)2686-3990。

交通資訊

自行開車：國道 3 號→苑裡交流道下→走 121 縣道→中山路一段→大甲
　　　　　農會。

住　　宿

1. 夏威夷汽車旅館：臺中市大甲區中山路一段 1200 號，(04)2686-2286。
2. 大甲御和園商務汽車旅館：臺中市外埔區甲后路 777 號，(04)2686-
　 7799。
3. 維也納汽車旅館：臺中市大甲區中山路一段 657 號，(04)2688-0977。

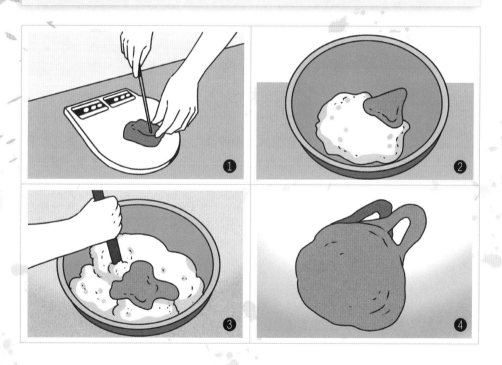

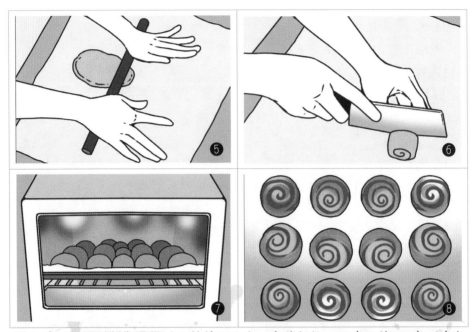

圖 5-12 芋頭酥製作過程（1.材料：油皮：中筋麵粉 180 克、糖 15 克、滾水
65 克、醱酵奶油 70 克。油酥：低筋麵粉 120 克、醱酵奶油 100 克，
果醬適量。內餡：烘焙用糯米 160 克、芋頭餡 600 克。2.做法：❶
均勻分配芋泥。❷用低筋麵粉和醱酵奶油調製油酥，加果醬。❸和入
中筋麵粉、奶油、糖、滾水製作油皮。❹將油皮置入袋內 15 分鐘。
❺將油酥包入油皮後，麵桿擀開攤平。❻糯米包到芋泥中，用油皮捲
起、剖開。❼壓扁、搓成酥狀，放到烤箱中。❽芋頭酥成品。）

46. 王功漁火節

| 位 置 | 王功漁港 |

　王功漁火是昔日彰化著名的八大美景之一。2002年彰化縣政府計劃將王功漁港進行功能轉型，推展成兼具觀光及休閒漁業等多功能的漁港。2005年開始舉辦大型活動「王功漁火節——海洋的記憶」，以推廣在地特色，希望塑造「北貢寮、中王功、南墾丁」音樂季的印象。

蚵仔吃喝玩樂，一起瘋王功

| 景 點 |

1. 王功福海宮

　福海宮是王功地區重要的宗教信仰中心，建於清嘉慶17年，迄今已有200多年的歷史。廟宇主祀天上聖母，同祀玉皇大帝、三教教主、五教教主、觀音菩薩、十八羅漢、註生娘娘、福德正神。福海宮右後方坐擁福海公園，右前方則有一口水井稱為「龍泉井」，因水質甘甜，遊客特別喜歡提桶裝水回家飲用。

2. 海寮

　海寮是早期漁民建築在潮間帶沙洲上的小屋，係為王功沿海養殖漁業特殊的瞭望建築，同時也是漁民漲潮時的休憩場所和緊急避難場所，以免舟車奔波，並發揮居高臨下的救難功能。

3. 王功漁港遊憩區

　王功漁港建於1968年，位於王功海埔新生地的西南方，

係彰化地區唯一的漁港。目前因為港內容易淤沙，造成漁船在退潮時不能出海，所以大型漁船減少，同時喪失漁港的功能，僅能提供採蚵的膠船停靠。

相關社團 ▌

二林國際獅子會：彰化縣二林鎮照西路 284 號，(04)895-3070。

交通資訊 ▌

1. 自行開車
   (1)高速公路北下：彰化交流道→往鹿港方向→彰 142 縣道→福興→鹿港→臺 17 線→王功。
   (2)高速公路南上：員林交流道→往溪湖方向→彰 148 縣道→溪湖→草湖→王功。
   (3)省道北下：沿臺 17 線→鹿港→王功。
   (4)省道南上：沿臺 17 線→大城→王功。
2. 搭乘公車：彰化市員林客運站搭往王功的班車→王功，來到王功後有指示牌及工作人員引導停車及接駁。

住　宿 ▌

王功民宿：彰化縣芳苑鄉博愛村芳漢路王功段 551 號，(04)893-6550。

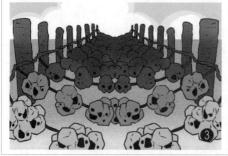

圖 5-13　養蚵流程（❶在潮間帶架設蚵棚。❷掛上空蚵殼。❸將附上蚵苗的蚵，依不同的大小進行垂掛。❹採收並撿蚵。）

王功漁火節

西濱公路
（臺17線）

往溪湖

往鹿港

紅樹林區

東王功橋

王功國小

觀海堤坊

王功橋

芳漢路
（美食街）　往芳苑

芳苑燈塔

王功漁港

竹管屋

福海宮

堤防外環道

圖 5-14　王功漁港位置簡圖

彰化媽祖遶境祈福嘉年華

彰化市、彰化縣芬園鄉、員林鎮、田中鎮、北斗鎮、埤頭鄉、二林鎮、芳苑鄉、伸港鄉、社頭鄉

彰化縣廟宇眾多，自古信仰活動盛行，彰化南瑤宮、員林福寧宮、田中乾德宮、埤頭合興宮、芳苑普天宮、伸港福安宮等廟宇在媽祖得道之日，自2008年起舉辦「媽祖聯合遶境」的活動，冀望運用媽祖傳統信仰，結合觀光產業，舉辦國際知名的盛會。本嘉年華會除了成為世界文化的「經典」活動之外，並希望祈求平安，同時傳遞文化薪火。

歡喜相隨迎媽祖、福氣久久保平安

景 點

1. 彰化孔廟

彰化孔廟係為清朝雍正年間，由知縣張鎬倡儒學所創建，是彰化境內唯一的一級古蹟。彰化孔廟大成門有六個通天筒，象徵「禮、樂、射、御、書、數」六藝，廟內奉祀孔子、孔子弟子，以及古聖先賢的牌位。

2. 八卦山大佛風景區

八卦山大佛是彰化著名的地標，建造之初，曾為亞洲第一大佛。大佛旁佐有32尊石雕觀音，後方興建大佛殿、八卦塔、八卦亭等佛教建築。本區係為參山國家風景區之一，遊憩設施包括定時噴泉、旅遊服務中心、餐飲、特產、社區文化博覽館等，係為當地民眾休閒之去處。

相關社團▊

芳苑白馬峰普天宮：彰化縣芳苑鄉芳苑村芳漢路芳二段 161 巷 100 號，
(04)898-4482。

交通資訊▊

1. 自行開車
   (1)國道三號北上：名間交流道下→臺三線往南投方向，至南投市南崗
      二路（消防局側門）左轉民權街。
   (2)國道一號南下：王田交流道下→循臺十四線、臺十四乙線、臺三線
      →芬園→貓羅溪大橋直走，至南投市南崗二路（消防局側門）左轉
      民權街。
   (3)國道一號南下：經王田交流道後，到彰化系統交流道至國道三號，
      往南投方向下南投交流道→貓羅溪大橋→南投市南崗二路（消防局
      側門）左轉民權街。
   (4)國道三號南下：南投交流道→貓羅溪大橋直走→南投市南崗二路（消
      防局側門）左轉民權街。
2. 搭乘客運：臺中搭往南投、水里班車；由彰化搭彰化客運往南投班車；
   由斗六搭臺西客運往南投班車；都在南投市總站下車。

住　宿▊

1. 員林蜜雪兒 SPA 精品旅館：彰化縣員林鎮光明街 295 號 5 樓，(04)834-
   3437。
2. 碧山廬禪的民宿：彰化縣芬園鄉溪頭村彰南路 1 段 103 巷 130 號，(049)
   252-8288。
3. 大圓林悠活會館：彰化縣員林鎮中山路一段 382 巷 3 號，(04)839-5478。

　　觀音，原稱為觀世音，因在唐代避諱太宗李世民之名
而把「世」字去掉。觀世音原出自佛經，梵文為傾聽人世
間悲慘聲音之意，因此人們認為只要在苦難時喊他的名字，
觀世音菩薩即會現身解救。東亞民間普遍景仰崇拜的菩薩，
也是臺灣最為崇信的神明之一。

節慶小玉女

觀音

圖 5-15　彰化媽祖遶境示意圖

48.

清境風車節

| 位　置 | 清境小瑞士花園、統一超商清境商場 |

清境農場從 2007 年開始舉辦風車節，迄今為清境農場每年暑假最重要的觀光活動之一。主辦單位運用許多的風車妝點清境農場，還有舉辦高山音樂盛宴。活動之初，農場在清境小瑞士花園引進千株臺灣百合花卉，並且以紙雕、紙風車裝置藝術進行妝點，清境風車節一躍成為當地重要的指標節慶。

> 清境一夏‧清境風車節

| 景　點 |

清境農場青青草原

青青草原位於青青農場，海拔 1,800 公尺，養殖美國安格斯牛、澳洲的柯利黛綿羊等遊客喜愛的動物。該農場以木棧道連接，提供遊客遊覽沿途的山嵐風光。

相關單位 ▌

紙箱王創意園區：臺中市北屯區東山路 2 段 2 巷 2 號，(04)2239-8868。

交通資訊 ▌

1. 自行開車：國道三號（北二高）霧峰系統交流道→國道六號→埔里（國道六號終點）→臺十四線→霧社→臺十四甲線→清境農場。

2. 搭乘火車（含轉乘）：搭乘火車於臺中站下車→轉乘南投客運或全航客運→埔里（終點站）→轉乘南投客

運（往翠峰、松崗方向）→清境（農場）。

住　宿█

1. 清境歐風小鎮民宿：南投縣仁愛鄉大同村壽亭巷35號，(049)280-3008。
2. 清境佛羅倫斯度假山莊：南投縣仁愛鄉榮光巷8-3號，(049)280-3820。
3. 清境香格里拉音樂城堡：南投縣仁愛鄉大同村榮光巷34號，(049)280-2166。

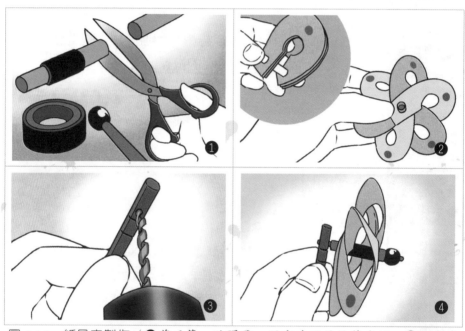

圖5-16　紙風車製作（❶剪吸管、貼膠帶，固定珠子於竹籤尖端。❷固定扇片，將吸管穿進扇片中。❸在另一根筷子上鑽洞。❹組合並完成。）

節慶
小博士

十二生肖

十二生肖是中國古時記載年份的傳統方式。十二地支：子、丑、寅、卯、辰、巳、午、未、申、酉、戌、亥，搭配上十二種吉祥物：鼠、牛、虎、兔、龍、蛇、馬、羊、猴、雞、狗、豬。這樣的紀年法相傳是黃帝發明、從西域流入，或是仿照巴比倫帝國形成的紀年等說法，眾說紛紜，時至今日已變成一種象徵性的紀年方式。

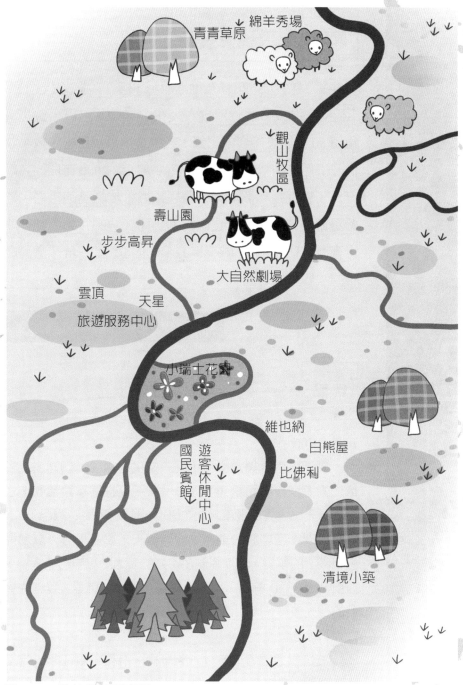

青青草原　綿羊秀場
觀山牧區
壽山園
步步高昇
大自然劇場
雲頂　天星
旅遊服務中心
小瑞士花園
維也納
白熊屋
比佛利
遊客休閒中心
國民賓館
清境小築

圖 5-17　清境農場示意圖

49.

臺灣咖啡節

| 位 置 | 雲林縣古坑鄉 |

雲林古坑的氣候及地理環境，適合咖啡樹的生長。過去日據時期日本人在古坑鄉荷包山，曾經有種植 80 公頃咖啡樹的紀錄，後來當地農民跟進，放棄其他經濟作物的栽培，轉而種植咖啡。從 2000 年開始，政府為了要促進休閒產業，積極拓展古坑咖啡的市場，開始舉辦臺灣咖啡節。也因為咖啡節成功的行銷活動，使得臺灣咖啡豆的需求突然增加，也打響了古坑「臺灣咖啡的故鄉」的名號。

> 再忙，也要到雲林喝咖啡。

| 景 點 |

1. 劍湖山世界

劍湖山世界與六福村、九族文化村齊名。劍湖山以多樣化的遊樂設施和設備，提供遊客驚奇性的享樂活動，包括了摩天輪、雲霄飛車、迴力磁場、冒險飛車、童話列車、狂飆飛碟、空中協力車、勁爆樂翻天、霹靂飛等；以及提供視覺上的享受，包括了耐斯影城的五大劇場中影城劇場、巨蛋劇場、3D 劇場、巨無霸劇場、震撼劇場等，以絢爛奪目的聲光效果，吸引青少年前來參觀。

2. 古坑綠色隧道

古坑綠色隧道位於斗六柴里橋，為臺三線往永光方向的芒果樹綠色隧道。芒果樹的樹齡都已經超過 50 年，枝葉

繁茂，長約 2 公里有餘。古坑綠色隧道沿線過去是臺糖小火車的軌道，遙想當年兩者並行的痕跡，彷彿是透過時光隧道，回憶臺灣農業時代的過去。

相關社團▌
華山休閒產業促進會：雲林縣古坑鄉華山村 41 號，(05)590-0058。

交通資訊▌

1. 自行開車

(1) 國道一號南下：雲林系統交流道→臺 78 快速道路→斗六古坑匝道→臺 3 線→綠色隧道至永光→210 縣道→華山。

(2) 國道一號北上：下大林交流道→循 162 縣道→3 號省道至梅山→續接 149→華山全程約 20 公里。

(3) 國道三號北上：由梅山交流道下→162 線至梅山→149→華山全程約 10 公里。

(4) 國道三號南下：中二高古坑交流道下→臺 78 快速道路→斗六古坑匝道→臺 3 線→綠色隧道至永光→210 縣道→華山。

2. 搭乘客運

(1) 斗六搭乘臺西客運→石橋、過寮→華山。〈每天往返 2 班次〉。

(2) 斗南搭乘臺西客運→華山。〈每天往返 6 班次〉。

(3) 斗六搭往竹山→轉搭員林客運→草嶺。

住　宿▌

1. 樸園民宿：美式渡假會館 雲林縣古坑鄉永昌村光昌路 247 號，(05)582-9776。

2. 鄉村休閒農莊：雲林縣古坑鄉華山村 81-9 號，(05)590-1357。

3. 雲山小築：雲林縣古坑鄉 646 華山村松林路 42 號，(05)590-1778。

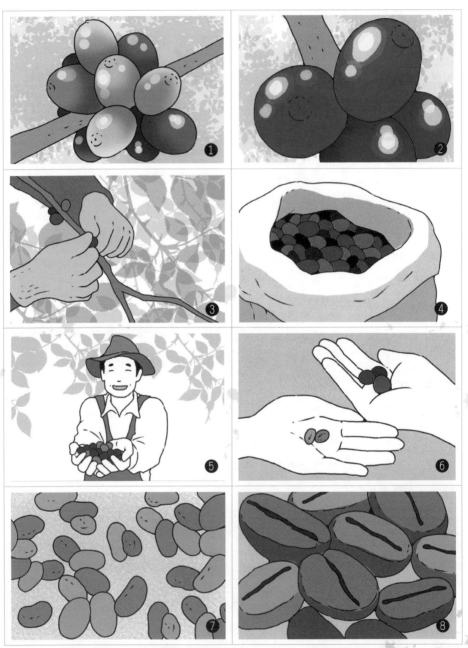

圖 5-18　咖啡製作過程（❶自然農法培育咖啡樹。❷咖啡豆由綠轉紅。❸採收咖啡豆。❹袋裝咖啡豆。❺展示收成的咖啡豆。❻去掉紅色外皮，留下褐色果實進行醱酵。❼以自然曬法曬乾，約 20～30 天。❽進行脫殼，烘培咖啡豆。）

50.

嘉義縣東石海之夏祭

| 位　置 | 嘉義縣東石漁人碼頭 |

東石漁人碼頭為政府興建的開放式人工親水沙灘，為配合其正式啟用，嘉義縣政府在東石漁人碼頭首辦「海之夏祭」，希望以海洋元素，呈現海洋之美，藉由舉辦濱海音樂盛會吸引遊客之外，還提供遊客沙灘排球與消暑的親水設施等水上體驗活動。

> 別再春墾丁吶喊、貢寮海洋音樂季啦！
> 快來最NEW的東石海之夏祭吧！

景　點

1. 布袋觀光漁市

　　布袋漁港因為地形類似布袋而知名，當地開發甚早，在明末鄭成功來臺之際，就已經是交易頻繁的古老漁港。因為當地的地理位置較佳，目前布袋漁港成為嘉義縣較具規模的遊艇港觀光據點。

2. 好美里紅樹林自然生態保護區

　　好美寮具備完整的潟湖系統，擁有豐富的紅樹林自然生態環境，其中可見貝類、蟹類、小白鷺、夜鷺、黃頭鷺等各種鳥類，還有許多濱海植物。

3. 東石鄉自然生態展示館

　　東石鄉自然生態展示館保存了藝術文化創作成果，該展示館以東石鄉自然生態文化為重心，並且規劃串連社區風景與生態遊程，包括賞鳥、遊朴子溪、遊外傘頂洲等活動進行連結。經由推展賞鳥活動，並規劃濕地候鳥研究，

營造當地「一生態、一文化」的展示空間。

相關單位 ▌
嘉義縣政府：嘉義縣太保市祥和一路東段 1 號，(05)362-0123。

交通資訊 ▌
1. 開車前往
   (1)國道一號（中山高）嘉義系統（273 公里）→82 快速道路→祥和交流道→右轉嘉 45→接 168 縣道左轉直駛→朴子、東石→東石漁人碼頭。
   (2)國道一號（中山高）下水上交流道→往朴子、東石方向→經 168 縣道行駛即可抵達。
   (3)南二高接 82 號東西向快速公路→於太保交流道下右轉往縣政府方向→接往朴子 168 線左轉直駛→朴子→東石→東石漁人碼頭。
   (4)西濱 61 快速公路，於東石漁港交流道下→東石 168 縣道。
2. 搭乘客運
   (1)臺北搭乘統聯客運，臺北—東石線，即可抵達。
   (2)搭乘嘉義客運經朴子至東石（塭港線）。
   (3)搭乘嘉義客運至朴子，再從朴子站搭車至東石（塭港線）。
   (4)搭乘嘉義縣公車至朴子，再轉搭嘉義客運至東石。
   (5)搭乘新營客運至朴子，再轉搭嘉義客運至東石（塭港線）。

住　宿 ▌
1. 船仔頭ㄟ厝：嘉義縣東石蔦松村船子頭 22-3 號，(05)370-8078。
2. 伯扶的家民宿：嘉義縣東石鄉蔦松村船仔頭 22 號 之 4，(05)370-7619。

51. 府城七夕國際藝術節

1999 臺南市（稱為「臺南七夕藝術節」）
2000 臺南市
2001 臺南市
2002 臺南市（稱為「府城七夕國際藝術節」）
2003 臺南市　孔廟文化園區、市立藝術中心等據點
2004 臺南市　億載金城（主場地）
2005 臺南市　孔廟文化園區（主場地）
2006 臺南市　孔廟文化園區（主場地）（稱為「府城七夕十六歲藝術節」）
2007 臺南市　孔廟文化園區（主場地）
2008 臺南市　孔廟文化園區（主場地）
2009 臺南市　孔廟文化園區（主場地）
2010 臺南市　孔廟文化園區（主場地）
2013 臺南市　臺南州廳廣場（臺灣文學館後方）（主場地）
2015 臺南市　臺南創意中心
2016 臺南市　臺南創意中心
2017 臺南市　臺南創意中心

「七夕」對於臺南市民而言，除了傳統中國牛郎與織女的愛情故事之外，還有另一層重要成長的意義，也就是「做十六歲」。府城在清朝時期，因為港運發達，當地雇用許多童工，並且規定年滿十六歲，才可以領成人的工資，於是「做十六歲」的成年禮在臺南舉行，一方面回顧昔日童工對於繁榮當地經濟的貢獻，緬懷童工苦力的辛勤，並且紀念許多無名童工，在成長之後，依舊奉獻於府城的早期建設；如今更結合現代藝術與傳統表演，成就現代化與國際化的慶典活動。本活動在 2011 年改稱為「臺南愛情城市七夕嘉年華」，2016 年改稱為「臺南七夕愛情嘉年華」。

府城16，青春不敗！邀您一同共襄盛舉。

景 點

1. 關帝殿

　　關帝廟主祀關帝聖君，根據史書記載，關帝殿建成年代，約距今 300 餘年。關帝殿供奉關聖帝君，目前已被臺南市政府列為三級古蹟進行保護。

2. 國立臺灣文學館

　　臺灣歷經荷西、明鄭、清領、日治到現在的民國的統治，臺灣文學在族群與多元文化的交互激盪之下，作品多元而且富含文化底蘊。國立臺灣文學館為當地第一座國家級的文學博物館，主要是希望典藏、保存與研究臺南珍貴的文學資產，以避免文學史料流失殆盡。館內不定期會舉辦展覽活動，以推廣臺灣文學，讓文學與民眾更為親近。

相關社團 ▌

社團法人臺南市文化協會：臺南市忠義路二段 36 號，(06)211-3630。

交通資訊 ▌

1. 自行開車：臺南交流道出口下交流道→往中山路→經東門路三段、東門路二段、東門路一段→銜接府前路一段→轉南門路→孔廟。
2. 搭乘火車：搭乘臺鐵列車至臺南站下車→左轉中正路至湯德章紀念公園→接南門路→孔廟。
3. 搭乘客運：
   (1)搭乘 2 路公車→行經崑山科技大學→安平古堡路段，可於孔廟、建興國中、大南門等站下車。
   (2)搭乘 6 路公車→行經新興國宅→虎尾寮重劃區，可於開山路、延平郡王祠、建興國中、公十一停車場等站下車。
   (3)例假日可搭乘假日休閒公車 88 路→行經火車站→安平，於孔廟、山林事務所站下車。

住　宿 ▌

1. 華心大飯店：臺南市中西區金華路三段 175 號，(06)220-3380。
2. 林肯大飯店：臺南市中西區金華路三段 230 號 9 樓，(06)229-5777。
3. 華光國際商務大飯店：臺南市民族路二段 143 號，(06)222-1123。

七夕是中國傳統的情人節，又被稱為愛情節、乞巧節。起源故事有很多版本，但都圍繞在牛郎織女一年只能在農曆七月七日這一天見面一次的故事之下，顯得哀怨淒美。

節慶小玉女

七夕

圖 5-19　府城七夕國際藝術節（臺南七夕嘉年華）（❶給長輩奉茶儀式，由市長擔任並主持儀式。❷穿傳統服飾，依三牲四果祝禱「轉大人」。❸邀請國內外藝術團體。❹融合現代與傳統的藝術表演。）

52.

高雄海洋博覽會

2004	高雄市	旗津漁港（稱為「高雄海港節」）
2005	高雄市	旗津漁港
2006	高雄市	光榮碼頭
2007	高雄市	光榮碼頭
2008	高雄市	光榮碼頭、陽明高雄海洋探索館
2009	高雄市	真愛碼頭、光榮碼頭、陽明高雄海洋探索館
2010	高雄市	真愛碼頭、光榮碼頭
2011	高雄市	真愛碼頭、光榮碼頭
2012	高雄市	茄萣區興達港情人碼頭
2013	高雄市	茄萣區興達漁港

2004 年起高雄市政府為了配合觀光產業發展，每年舉辦海洋博覽相關活動，以結合高雄特有的海洋文化與海洋產業，打造多元文化的節慶系列活動。

珍貴的寶藏庫—大海

景 點

1. 市港河濱公園

市港河濱公園在愛河畔高雄橋與十二號碼頭交接處，係為愛河附近最著名的公園之一。市政府以「光」為主題，規劃許多造型特殊的景觀照明燈具，來妝點愛河，以打造河濱浪漫的氣氛。

2. 玫瑰教堂

清朝咸豐年間建立的玫瑰教堂全名為「玫瑰聖母聖殿主教座堂」，是臺灣最早建造的天主教堂之一，以哥德式建築造型矗立高雄街頭。玫瑰教堂具備特殊歷史背景與藝術

的價值，被政府納入三級古蹟，也有許多偶像劇前來取景。

相關社團 ▊

社團法人臺灣海洋汙染防治協會：高雄市鼓山區蓮海路 70 號（中山大學海洋環境及工程學系防災研究室），(07)716-8081 分機 128。

交通資訊 ▊

1. 自行開車：由高雄交流道中正路口下交流道→往中正一路→經五福一路、五福二路、五福三路→銜接高雄橋→轉公園路→光榮碼頭站。
2. 搭乘火車（含轉乘）：搭乘臺鐵列車至高雄站下車→轉搭高雄捷運於中央公園站下車→高雄市公車（紅20路）→光榮碼頭站。（再步行1分鐘）
3. 搭乘高鐵（含轉乘）：搭乘高鐵列車至左營站下車→轉搭高雄捷運於中央公園站下車→高雄市公車（紅20路）→光榮碼頭站。（再步行1分鐘）
4. 搭乘客運
    (1) 平日可搭乘漢神百貨或高雄女中線、高鐵鼓渡專車，至漢神百貨或高雄女中站下車。（再步行5分鐘）
    (2) 例假日可搭乘水岸公車至高雄女中站下車。（再步行5分鐘）
    (3) 高雄客運 601、608、102、205、214、606、607、24，於高雄女中站下車。

住　宿 ▊

1. 龍達大飯店：高雄市三民區九如二路 339 號，(07)312-1151。
2. 現代大飯店：高雄市三民區九如二路 332 號，(07)312-2150。
3. 85 大樓高雄 85 天空：高雄市苓雅區自強三路 5 號 12 樓之 11，(07)566-8088。

節慶
小博士

節慶源於火的概念

漢人文明起源於火種，和西方文明不同的是，漢人文明很早就離開了茹毛飲血的生食文化。當華夏漢民族的部落原始居民將火種引入居住空間後，以火塘當作起居的生活特徵之時，火種就形成了早期節慶、祭典、娛樂、飲食和起居的重要媒介。

圖 5-20　海洋博覽會（❶海洋博覽會大船入港。❷民眾可登上海軍軍艦參觀
海洋科技。❸介紹海洋相關產業及資源。）

53. 宜蘭國際童玩藝術節

| 位置 | 宜蘭縣五結鄉冬山河親水公園、蘇澳鎮武荖坑風景區（自 2006 年起增加） |

宜蘭國際童玩藝術節爲了凸顯宜蘭的在地特色，歷年來以演出、展覽、遊戲、交國際交流，邀請國內外專業表演團體進駐。在冬山河親水公園中，營造出多樣化的展館，展出不同年代與國情的童玩。童玩節的戲水設施，以原創的大型遊樂器材吸引懷舊的遊客，國內外教師攜帶學生來此進行校外實習，也可以達到戶外環境教育的效果。

年年保童心，時時有活力。

| 景 點 |

1. 國立傳統藝術中心

位於宜蘭縣五結鄉的國立傳統藝術中心，簡稱爲傳藝中心，主要負責傳統技藝的統籌、規劃及推動活動，並且定期展出臺灣傳統的表演藝術與工藝品，諸如：音樂、歌謠、舞蹈、偶戲、大戲、雜技、說唱、小戲等。此外，傳藝中心也發展工藝造形設計，如繪畫、捏塑、雕刻、編織、剪黏、陶瓷、金工等。展出的內容除了保存傳統文化之外，並且加入現代藝術的創新理念，讓藝術擁有新面貌。

2. 蘇澳冷泉公園

蘇澳冷泉是全臺灣著名的碳酸氫鈣泉，水溫約為22度，傳說具有治療胃病、皮膚病的功效。因此用蘇澳冷泉調製出的羊羹與彈珠汽水，是當地非常受到歡迎的特產。

相關社團

財團法人蘭陽文教基金會：宜蘭市復興路二段 101 號，(03)935-4766。

交通資訊

1. 自行開車
   (1)經由國道 5 號南下→羅東交流道→沿著高速公路下側車道往冬山河方向行駛約 20 分鐘→至臺 7 丙線左轉，向東行駛約 5 分鐘即抵達冬山河園區大門口。
   (2)經由臺 2 線南下→臺 2 線行駛往蘇澳方向行駛→臺 7 丙線右轉後直行約 5 分鐘後可抵達園區。
2. 搭乘火車（含轉乘）：經由臺鐵各站搭乘各級列車至羅東火車站下車→可由羅東火車站後站出站後，步行往光榮路約 1 分鐘於國光客運站牌搭車或右轉 200 公尺於首都客運總站搭車（241 或 261 路線，每日 8：40～22：00，班距 30 分鐘）→親水公園站下車。
3. 搭乘接駁車：搭乘臺灣好行觀光巴士冬山河線接駁車。

住　　宿

1. 水雲山莊民宿：宜蘭縣五結鄉親河路 2 段 291 巷 51 弄 6 號，(03)950-8388。
2. 椿禾園民宿：宜蘭縣冬山鄉武淵村武淵一路 6 巷 63 號，(03)950-4858。
3. 蓮春園民宿：宜蘭縣冬山鄉武淵村東八路 123 號，(03)960-5423。

圖 5-21　宜蘭國際童玩藝術節（❶藝術節有許多遊樂設施。❷開幕時以趣味的方式和民眾互動。❸高空的大型遊樂器材。）

位置 宜蘭頭城烏石漁港

「搶孤」屬於中國閩南地區的習俗，在中元節普渡之後，會由民眾搶奪祭品，形成的一種搶孤儀式。1991年起宜蘭頭城舉辦搶孤活動，並改善搶奪方式。過去賑濟貧苦的搶祭品活動，變成一種攀頂競爭體育活動，傳說第一位搶到棧頂順風旗的人，會獲得神鬼的庇護。本活動都選在午夜舉行，參加人員五人一組，每組人員引用一根麻繩做為輔助，之後向上攀爬塗滿牛油的棚柱，最後用鐮刀割斷棧頂旗桿，取下順風旗的攀爬者，就是真正的贏家。

搶孤驚險，精采可期

景點

1. 頭城農場

頭城農場占地甚廣，擁有自然生態資源，提供生態學習。農場內擁有戲水區等親子互動設施，以及曬穀、插秧場地，可供民眾體驗農村，係多功能的生態農場。

2. 北關休閒農場

北關休閒農場位於宜蘭縣頭城鎮更新里，該地舊名梗枋，係為生態果園農場所改造。農場內的螃蟹博物館、螢火蟲步道等設施，可讓民眾體驗自然生態，農場並且提供導覽解說及果園摘採活動。

54.

頭城搶孤

3. 頭城海水浴場

　　頭城海水浴場位於頭城鎮大坑里，占地遼闊，設備齊全，除了戲水設施之外，並提供露營場地，其中沙林聽濤與傳統牽罟，係為其一大特色。

相關社團▉

頭城鎮中元祭典協會：宜蘭縣頭城鎮纘祥路 88 號 3 樓，(03)977-1459。

交通資訊▉

1. 自行開車
   (1)臺北出發經由國道 5 號南下→下頭城交流道後沿臺 2 庚線往頭城方向行駛約 20 分鐘→臺 2 線旁烏石港中心。
   (2)臺北出發臺 2 線南下→沿臺 2 線行駛往頭城方向→行駛至臺 2 線旁左轉進入烏石港。
   (3)從花蓮出發，經由蘇花公路北上→沿臺 2 線行駛約 50 分鐘，接續臺 2 庚線往頭城方向行駛約 15 分鐘，至臺 2 線旁烏石港。
   (4)經由國道 5 號北上→下頭城交流道後沿臺 2 庚線→往頭城方向行駛約 20 分鐘，至臺 2 線旁烏石港，即抵達園區。
2. 搭乘火車：頭城火車站下車→轉搭計程車車程約 10 分→轉搭宜蘭－雙溪公車約 20 分鐘。

住　宿▉

1. 宜蘭蘭城晶英酒店：宜蘭市民權路二段 36 號，0800-35-1234。
2. 北關休閒農場：宜蘭縣頭城鎮更新路 205 號，(03)977-2168。
3. 和風時尚會館：宜蘭縣頭城鎮宜三路一段 56 號，(03)977-7711。
4. 礁溪老爺大酒店：宜蘭縣礁溪鄉大忠村五峰路 69 號，(03)988-6288。

圖 5-22　頭城搶孤（❶以大型吊手將棧頂放上去。❷攤販雲集，昔時的搶孤
　　　　　變成現代競賽。❸塗滿牛油棚柱，僅以麻繩輔助，參賽者爬上棧頂。）

55.

原住民聯合豐年祭

位　置	2006 彰化縣原住民聯合豐年祭—原民同心、文化深耕
	2007 桃園市原住民聯合豐年祭
	2008 彰化縣原住民聯合豐年祭
	2009 基隆市原住民聯合豐年祭、大高雄都會區原住民聯合豐年祭
	2010 花蓮縣原住民聯合豐年節—夏戀嘉年華系列活動
	2015 花蓮縣原住民族聯合豐年節—吼嗨央了沒！豐到底
	2016 花蓮縣原住民族聯合豐年節—吼嗨央！蜂到底
	2017 花蓮縣原住民族聯合豐年節— Palafang 來作客

豐年祭是原住民一年一度最大的盛事之一，最初係由部落自行舉辦，現在由各縣市政府聯合舉辦豐年祭活動，以共襄盛舉。祭典中除了有原住民的八部合音美聲之外，還有舉辦熱情的傳統舞蹈，特色小吃與手工藝，以及各族美麗的服飾，展現原住民的熱情奔放的民族性格。

> 聲伴隨優美舞蹈，體驗原住民歌舞之力與美！

景　點

1. 花蓮觀光漁港休閒碼頭

花蓮觀光漁港係為娛樂漁船專用碼頭，位於花蓮近郊，目前係為花蓮的新地標。漁港規劃為休閒碼頭、觀光漁市場等區，提供賞鯨遊船的停泊服務，係為假日好去處。

2. 田埔生態池

田埔生態池在 2005 年起進行濕地生態的維護、管理，

以及動植物的監測。本區生態資源豐富，具有自然休閒與環境教育意義，係為花蓮市民遠離喧囂的賞鳥地點之一。

相關社團 ▋

社團法人新北市原住民族文化教育協會：新北市中和區中和市連城路 32 號，(02)22439748。

交通資訊 ▋

（以花蓮為例）

1. 花蓮六期重劃區會場
   (1) 自行開車：沿臺九線行駛→至府前路及民族五街交叉口→左轉民族五街後直行至海岸路左轉→沿線道 193 直行→至中山路口再直行至華北二路後直行即可抵達。
   (2) 搭乘大眾運輸建議路線：花蓮火車站下→觀光接駁車。

2. 吉安光華樂活創意園區會場
   (1) 自行開車：沿臺九線行駛→至府前路及民族五街交叉口→左轉民族五街後直行至海岸路左轉→沿線道 193 直行→至中山路口即可抵達。
   (2) 火車：花蓮火車站下→觀光接駁車。

3. 鳳林國中會場
   (1) 自行開車：沿臺九線→至中正路轉公正街或民權路即可抵達。
   (2) 搭乘火車：花蓮火車站下→觀光接駁車。

4. 光復商工會場
   (1) 自行開車：沿臺九線→至林森路轉自強路或無名路即可抵達。
   (2) 搭乘火車：花蓮火車站下→觀光接駁車。

5. 玉里運動公園會場
   (1) 自行開車：沿臺九線→至興國路或中華路轉莊敬路即可抵達。
   (2) 搭乘火車：花蓮火車站下→觀光接駁車。

住　宿 ▋

（以花蓮為例）

1. 太魯閣晶英酒店：花蓮縣秀林鄉天祥路 18 號，(03)869-1155。
2. 花蓮經典假日飯店：花蓮縣花蓮市國聯五路 139 號，(03)835-9966。
3. 花蓮理想大地渡假飯店：花蓮縣壽豐鄉理想路 1 號，(03)865-6789。

圖 5-23　原住民聯合豐年節（❶原住民傳統舞蹈的表演是節目的高潮。❷邀
　　　　請許多表演團體共襄盛舉。❸原住民一起唱歌跳舞。）

56.

太麻里金針山忘憂花季

| 位 置 | 太麻里鄉曙光紀念園區（臺9線402公里處） |

臺灣金針花俗稱忘憂草，主要產地為臺東大武及太麻里等地區。在金針花盛開季節時，滿山黃澄澄的金針花與翠綠山巒相互呼應，非常壯觀美麗。太麻里金針山係為觀賞金針花最好的地點之一，除了可以享受賞花泡湯的樂趣之外，還可以欣賞熱情的原住民舞蹈。

大片的花海形成致命的誘惑，只想陶醉在那裡。

景 點

1. 太麻里千禧曙光紀念園區

「千禧曙光紀念園區」曾在 2000 年 1 月 1 日的時候，舉辦迎接千禧曙光音樂會，自此打響了名號。當時與全球 25 個國家連線，迎接 21 世紀的第一道曙光，也因此催生了這個紀念園區。

2. 金崙溫泉

金崙溫泉係為尚末開發的露天溪谷溫泉，屬於鹼性碳酸泉，水溫約攝氏 70～90 度左右。金崙溫泉是排灣族人傳統露天溫泉浴場，也因為劃編為原住民保留地，目前尚保有原始的山野風貌。

相關單位 ▌

太麻里地區農會：臺東縣太麻里鄉泰和村曙光街 2 號，(089)781-531 #200。

交通資訊

1. 自行開車
   (1)南迴公路：高雄→屏東（枋山鄉→楓港）→臺9線（屏東縣獅子鄉→臺東縣達仁鄉→大武鄉→太麻里鄉，循指標前進）。
   (2)花東縱谷：花蓮→臺9線（臺東縣池上鄉→關山鎮→鹿野鄉→卑南鄉→太麻里鄉，循指標前進）。
   (3)花東海岸：花蓮→臺11線（臺東縣長濱鄉→成功鎮→東河鄉→臺東市→太麻里鄉，指標前進）。
2. 搭乘公車：在臺東舊火車站搭乘鼎東客運山線→往金崙、大武、安朔等地班車，或搭乘國光客運往高雄方向班車→太麻里站下車，步行或轉搭計程車前往。
3. 搭乘火車
   (1)南迴線：高雄→屏東→枋寮→大武→瀧溪→金崙→太麻里。
   (2)北迴・花東線：臺北→宜蘭→花蓮→池上→關山→鹿野→臺東→知本→太麻里。

住　　宿

1. 宏揚休閒旅館：臺東市中華路一段 136 號，(089)359-900。
2. 知本富爺飯店：臺東縣卑南鄉溫泉村龍泉路 30-2 號 9 樓，(089)514-835。

圖 5-24　金針花製品加工流程（❶殺菁：以鮮蕾鋪在竹區上，日曬乾燥 8～12 小時。❷檢驗：檢查含水率是否超過 10%。❸成品包裝：真空包裝，以減緩色澤變深。）

57. 南島文化節

| 位 置 | 臺東縣政府文化暨觀光處藝文中心廣場 |

臺灣係為全世界南島語族成員最密集、種類最多的地區，也因此臺灣被公認為南島語族的故鄉之一，或是南島語系的發源地。為了凸顯臺灣係為南島語族的原鄉概念，每年臺東縣政府都會精心計劃臺東南島文化節，邀請原住民文化展演，結合地方產業，期許社會大眾體會南島文化之美。

穿越時空 愛我們的南島！

| 景 點 |

1. 卑南文化公園

卑南文化公園位於南王里文化公園路，係為三級古蹟，該遺址成立的卑南文化公園，最大的特色是持續的進行考古發掘，成立遺址保存館，並進行學術研究、遺址保存，以及推廣教育的多功能目標。

2. 都蘭新東糖廠

都蘭新東糖廠位於臺東縣東河鄉都蘭村，早期在日據時期為民營糖廠，一直到 1990 年初才停止生產。目前轉型為崇滿部落風的文化園區及都蘭紅糖文化藝術館。

3. 鐵花村

鐵花村係為鐵花路旁邊的新聚落，以原住民為特色的「慢市集」聞名。當地擁有原住民音樂豐沛的生命力，也是國際光點計畫正式營運的據點之一。

相關社團

鐵花村音樂聚落：臺東市新生路 135 巷 26 號，(089)343-393。

交通資訊

1. 自行開車：臺北市出發→國道一號→在臺南系統下交流道→往新化臺南前進→靠左於臺南系統交流道（國 8 東 新化）出口下交流道，走臺南支線 / 國道 8 號→在新化系統交流道出口下交流道，朝斗六 / 屏東前進→於新化系統交流道（南屏東）出口下交流道，走國道 3 號→在南州交流道出口下交流道，朝新埤 / 南州前進→向左轉，朝勝利路 / 187 乙縣道前進→繼續直行走勝利路 / 187 乙縣道→於縱貫公路 / 臺 1 線口向右轉，繼續沿著臺 1 線前進→在新楓港外環道處微靠右走→接著走麻里巴橋→接著走新楓港外環道→接著走南迴公路 / 臺 9 線→繼續沿著臺 9 線前進→在海岸公路 / 臺 11 線處微靠右走→叉路處繼續靠右→於鐵花路口向左轉→在第一個路口向右轉入鐵花路 86 巷→接著走新生路→向右轉→目的地在左邊。

2. 搭乘火車：搭乘臺北往蘇澳、花蓮、臺東間之列車→臺東站下車。

住　宿

1. 金安旅社：臺東縣臺東市新生路 96 號，(089)331-168。
2. 臺東樂知旅店：臺東縣臺東市復興路 145 號，(089)322-100。
3. 上陞商務大飯店：臺東縣臺東市中華路一段 136 號，(089)311-166。

節慶
小博士

臺灣的原住民

臺灣的原住民族為馬來族，屬於最北端的南島語系種族，全部有超過 20 個部族，又可分為平埔族及高山族。平埔族為沿海平地生活的種族，目前皆已漢化，而居住在山地鄉的原住民族，則是還保有一些傳統文化，但也正面臨著被漢化的挑戰。

臺東南島文化節

圖 5-25　臺東南島文化節位置圖

第六章
冬季的節慶

風捲寒雲暮雪晴，江煙洗盡柳條輕；
簷前數片無人掃，又得書窗一夜明。──唐‧戎昱（公元744─800年）
《霽雪》

年年有吉慶，冬至慶團圓
「冬至」和「過年」同樣地重要

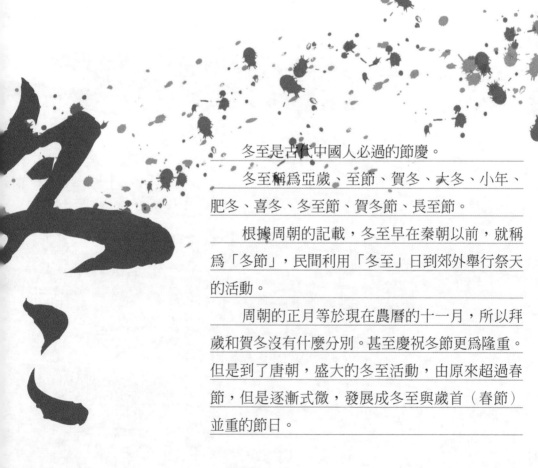

冬至是古代中國人必過的節慶。

冬至稱爲亞歲、至節、賀冬、大冬、小年、肥冬、喜冬、冬至節、賀冬節、長至節。

根據周朝的記載，冬至早在秦朝以前，就稱爲「冬節」，民間利用「冬至」日到郊外舉行祭天的活動。

周朝的正月等於現在農曆的十一月，所以拜歲和賀冬沒有什麼分別。甚至慶祝冬節更爲隆重。但是到了唐朝，盛大的冬至活動，由原來超過春節，但是逐漸式微，發展成冬至與歲首（春節）並重的節日。

到了後代，冬至節則不若農曆春節的隆重。但是臺語俗諺中說道「冬節大過年，晤返無祖宗」，意思是說冬至是家人團圓的節日，比過年更加地重要。如果外出不歸，那是不認祖宗的人。這句話也同樣流傳在廣西客家族群「冬至大過年」的俗諺，說明中國南方民族在冬至這一天，保留了唐朝以前的習俗，讓冬至節和過農曆年同樣地重要。

節慶
小博士

冬至的意思是
甚麼？

　　冬至是農曆的二十四節氣之一，是被中國人最早確定的節氣之一，大約在每年陽曆十二月二十二日前後的一天。2700 年前，中國人就知道用土圭測量日影，發現冬至這一天的日影投射在地面上距離最長，因此把這一天稱作「冬至」，也就是說冬至時太陽幾乎直射南迴歸線，北半球的白晝也最短，所以又稱為「長至」或「短至」，也就是說夜長至，或是稱為日短至，因此也有「長至節」、「短至節」等節日。也因為冬至已經是陰極之終，將要開始迎接「陽氣」的來臨，加上許多拜賀的活動，添增冬至的喜氣，也因此冬至又叫作「喜冬」、「賀冬」、「肥冬」的稱呼，也稱為「賀冬節」。

冬季的實例
SOP 標準製作流程

冬季的節慶、觀光與民俗

本章主要說明農曆 10～12 月主要節慶、觀光活動，案例如下：

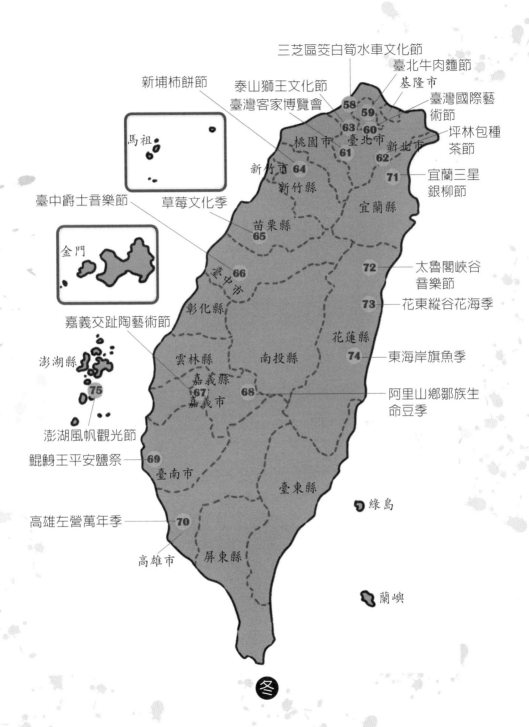

三芝區筊白筍水車文化節

臺北牛肉麵節

基隆市

臺灣國際藝術節

新埔柿餅節

泰山獅王文化節

臺灣客家博覽會

馬祖

坪林包種茶節

桃園市

臺北市

新北市

58

59

63

60

新竹市

61

62

宜蘭三星銀柳節

71

臺中爵士音樂節

草莓文化季

64

新竹縣

金門

苗栗縣

宜蘭縣

65

太魯閣峽谷音樂節

72

臺中市

66

73

花東縱谷花海季

彰化縣

嘉義交趾陶藝術節

花蓮縣

澎湖縣

雲林縣

南投縣

74

東海岸旗魚季

75

嘉義縣

67

68

阿里山鄉鄒族生命豆季

嘉義市

澎湖風帆觀光節

鯤鯓王平安鹽祭

69

臺南市

臺東縣

綠島

高雄左營萬年季

70

屏東縣

高雄市

蘭嶼

冬

58.

三芝區茭白筍水車文化節

新北市三芝區擁有臨山農村和海岸地區，自然資源豐富。其運用農村素材，妝點茭白筍、水車等人文特色題材，以水車園區、名人文物館，以及表演藝術吸引遊客。本活動採用當地的食材，創造出不同食譜的茭白筍風味餐，以滿足饕客的味蕾。活動中引入趣味競賽，讓遊客體驗當地有趣的活動。

嚐鮮、品味、新茭點

景點

三芝淺水灣

　　淺水灣的海灘因為地勢及潮汐的關係，形成特有的彎月海灣地貌。當夕陽西下，淺水灣夕照是最著名的美景之一。沿北部濱海公路旁的咖啡聚點，提供遊客假日度過悠閒午後的好選擇。

相關社團
三芝區農會：新北市三芝區中山路一段 6 號，(02)2636-3111。

交通資訊
1. 自行開車
　　(1)大臺北地區：經由大度路→登輝大道→臺二線（淡金公路）→三芝鄉→三芝淺水灣。
　　(2)基隆地區：經臺二線（基金公路）→萬里→金山→

石門→三芝區市區→三芝淺水灣。

(3)中南部遊客：五股交流道→成子寮→關渡橋→登輝大道→臺二線（淡金公路）→三芝。

2.搭乘公車

(1)淡水為乘車起始點，可搭淡水－三芝、淡水－金山、淡水－基隆、臺北車站三芝等路線的公車，可於淡水捷運站正對面，加油站旁邊搭淡水客運或基隆客運。

(2)基隆乘車者於基隆火車站天橋下候車亭，搭國光客運或基隆客運。

住　宿

1.海洋深呼吸：新北市三芝區後厝村 54-3 號（淺水灣旁邊），(02)8635-1938。

2.三芝熱帶嶼活力渡假村：新北市三芝區樂全街 1 號，(02)2636-8111。

3.自然風典樸民宿：新北市三芝區茂長村聽濤街 1 號，(02)2636-9375。

圖 6-1　茭白筍種植及採收的過程（❶種植前先種地放水，讓雜草不會發芽。❷拉線之後，能種出整齊的茭白筍。❸將筍苗放進臉盆中。❹拖行種植。）

59. 臺北牛肉麵節

| 位 置 | 臺北市政府前廣場 |

20 05 年臺北市政府首創臺北牛肉麵節，獲得市民迴響，於是在 2006 年擴大邀請國際美食家級牛肉麵業者參與，並正式命名為臺北國際牛肉麵節。臺北國際牛肉麵節中的牛肉麵料理大賽，著名店家廚師皆全力以赴，希望以獨到的廚藝，獲得評審委員的青睞。根據調查及統計，自 2005 年臺北牛肉麵節活動舉辦以來，已經帶動全市牛肉麵店的買氣，讓業績全面提昇，並創造了超過億元以上的商機。該項活動除了造福老饕的胃之外，同時臺北市政府產業發展局商業處也為牛肉麵店家開創了行銷新模式。

世界第一牛肉麵，吃出國際好滋味。

| 景 點 |

1. 中正紀念堂

中正紀念堂為紀念中華民國先總統蔣中正先生而興建的建築，園區占地 25 萬平方公尺，包含了展覽廳、影片中心、兩座藝廊、圖書館、以及視聽中心等設施。其寬敞的廣場，以及園區花園和池塘，匯集了周圍國家音樂廳和國家劇院的磅礴建築，係為臺北市民欣賞藝術及音樂饗宴的主要休閒場所。

2. 國父紀念館

國父紀念館係為了紀念國父孫中山先生百年誕辰而興

建的綜合性文化設施，在 1972 年落成啓用之後，形成了臺北歷史最悠久的偉人紀念館。國父紀念館展出孫中山先生的事蹟，並弘揚其博愛、天下為公、人生以服務為目的的崇高理念。

相關機關 ▌
臺北市政府產業發展局：臺北市信義區市府路 1 號，(02)2720-8889。

交通資訊 ▌

1. 自行開車：國道一號（中山高）→在圓山交流道（建國北路／松江路）出口下交流道，朝建國高架道路前進→靠左於圓山交流道（建國北路）出口下交流道，走建國高架道路→於建國高架道路出口下交流道，走建國南路一段→迴轉道處迴轉→在第一個路口向右轉入忠孝東路三段／臺 5 線（繼續沿著臺 5 線前進）→松仁路口向右轉（目的地將在右邊）→臺北市信義區松仁路 1 號（臺北市政府）。

2. 搭乘火車：開往七堵，火車車次（山線自強號）→松山火車站，走到松山前站，約 7 分鐘（轉乘時間為 9 分鐘）。

3. 搭乘公車：搭乘公車 611 動物園－松山車站，約每 15 分鐘一班車欣欣客運，從松山前站出發→興雅國中→臺北市信義區松仁路 1 號（臺北市政府）。

住　宿 ▌

1. 臺北君悅大飯店：臺北市信義區松壽路 2 號，(02)2720-1234。
2. 臺北香城大飯店：臺北市信義路四段 295 號，(02)2704-9546。

60.

臺灣國際藝術節

位 置	臺北中正紀念堂

中正紀念堂國家劇院、國家音樂廳院自 2009 年起開始舉辦「臺灣國際藝術節」，每年邀請國際級的藝術家參與，同時邀請臺灣指標性藝術團體，例如表演工作坊、黃俊雄電視木偶劇團、明華園，以及臺灣地方知名的藝術團隊同臺演出。本活動強調跨越國界的文化藝術交流，並強調本土劇團的創作歷程及原創特性，以提升大眾藝文視野，讓國內劇團和國際劇團交流，將臺灣藝文活動的能量，推向國際舞臺。

參加國際藝術節，開拓世界化的國際視野

景 點

1. 陽明山國家公園

陽明山國家公園隸屬於內政部營建署，政府組織再造之後，隸屬於環境資源部。陽明山國家公園擁有特殊火山地形知名，面積約 11,455 公頃。由於受到低緯度及中高海拔的影響，其植物相具有亞熱帶氣候區與暖溫帶氣候區的雙重特色。該區季風型氣候明顯，以陽明山知名的杜鵑花季為例，春季吸引遊客慕名前來。夏季則有西南季風，午後雷陣雨之後，山區彩虹橫跨山谷，形成陽明山清新動人的夏日景象。

2. 淡水

淡水歷史悠久，古稱「滬尾」。其命名的原因，是因為

和上海通商，上海古稱「滬」的原因，因為此間為海上通商的末站，所以稱為「滬尾」，今日則因為位處淡水河出海口，稱呼為「淡水」。清朝時因為本區海口貿易發達，帶動了臺北盆地的經濟發展。數百年來，淡水地區歷經砲火的洗禮，許多建築敘說著地方動人的故事，並保留著珍貴的痕跡。目前淡水地區被認列為古蹟保存之處，就有23個地點，留待後人的追溯與憑弔。

相關社團 ▌

國家文化藝術基金會：臺北市仁愛路三段136號2樓202室，(02)2754-1122。

交通資訊 ▌

1. 自行開車
   (1) 國道一號（中山高）下臺北重慶交流道→沿重慶北路南行，至愛國西路左轉前行即可抵達，全程約5公里。
   (2) 國道三號（北二高）下木柵交流道→直行辛亥路，至羅斯福路右轉，直走至中山南路即可抵達。
2. 搭乘公車：選擇兩廳院週遭有信義路、中山南路、愛國東路及杭州南路公車搭乘。國家戲劇院，以愛國東路、中山南路的公車為主；國家音樂廳，則以杭州南路、信義路的公車較接近。
3. 搭乘捷運：臺北車站→捷運新店線、中和線和小南門線的交會點→捷運中正紀念堂站五號出口下車即可。

住　宿 ▌

1. 國聯大飯店：臺北市大安區光復南路200號，(02)2773-1515。
2. 臺北花園大酒店：臺北市中正區中華路二段1號，(02)2314-6611。
3. 臺北君悅大飯店：臺北市信義區松壽路2號，(02)2720-1234。

61.
臺灣客家博覽會

| 位 置 | 新北市客家文化園區（新北市三峽區龍恩里 31 鄰隆恩街 239 號） |

　　新北市三峽客家文化園區舉辦的臺灣客家博覽會，展出客家傳統文化。其中展區包含客家主題展區、客家特色商品展售區、客家美食區、DIY 體驗區、客庄文化資源普查區、客家電視區、世紀印象展區、客家閱讀區、客家藝文展演區、客庄意象展區及客家信仰區等。本活動展現客家民族的創意與創新，其多元活動，更平添展場更多想像力。

「好看、好聽、好玩、好時光」的客家博覽會

| 景 點 |

1. 三峽區歷史文物館

　　三峽區歷史文物館，係為三峽區公所的辦公處。1929 年日本殖民政府興建落成之後，當時號稱「全臺最美麗的辦公大樓」。1995 年政府改設為「歷史文物館」，展出三峽當地的史蹟資料與文獻，提供民眾休閒、教育、文化活動的場所。歷史文物館後方綠蔭林立，附近設有藍染工廠，提供民眾 DIY 的文化體驗空間。

2. 鳶山風景區

　　鳶山風景區位於新北市三峽區，因為山巒形似飛鳶聞名。民眾健行登頂之後，可飽覽五月時滿山的桐花，並可以眺望土城、板橋、鶯歌等地的街景。當夜幕低垂之後，夜景與天色相互輝映。

相關單位 ▊

行政院客家委員會：臺北市信義區松仁路3號（中油大樓）8樓，(02)8789-4567。

交通資訊 ▊

1. 自行開車：國道三號高速公路三鶯交流道（往鶯歌方向）下→右轉隆恩街前行。

2. 搭乘公車：臺北客運，搭乘藍19、702至客家文化園區站下。桃園客運，搭乘三峽—桃園至客家文化園區站下。三鶯假日文化巴士，搭乘至客家文化園區站下（假日行駛）。

3. 搭乘捷運（含轉乘）：永寧站轉臺北客運917至客家文化園區站下→搭乘活動接駁專車。

4. 搭乘火車（含轉乘）：臺鐵鶯歌站下→轉桃園客運、藍19、917、三鶯假日文化巴士（假日行駛）至客家文化園區站下，或搭乘活動接駁專車。

住　　宿 ▊

1. 三鶯福容大飯店：新北市三峽區大學路63號，(02)8672-1234。
2. 桃園住都大飯店：桃園縣桃園市桃鶯路398號，(03)376-6177。

圖 6-2　客家意象

62. 坪林包種茶節

| 位 置 | 坪林茶葉博物館、坪林國中、坪林老街 |

2006 年新北市政府文化局開始舉辦坪林包種茶節活動，其目的係為推廣坪林的包種茶，並希望結合當地特色，將包種茶進行包裝，經過政府和民間雙重的努力結果，讓坪林在臺灣茶葉界占有一席之地，並且宣揚坪林在地的農特產品和美食。

茶香、花舞、滿坪林

| 景 點 |

1. 觀魚步道

觀魚步道是全臺灣最長的觀魚步道之一，從新店區三橋途中經過思源橋和獅潭國中，可欣賞當地知名的「鳳鳴吊橋」及附近景緻。本北勢溪河段除了提供大臺北的飲用水之外，更提供了親水活動空間。在保育方面，坪林的護漁成果卓然有成，例如，溪中的苦花、溪哥、香魚，沿著魚梯逆流而上，回應了坪林人自然復育的具體成效。

2. 茶業博物館

古色古香的茶業博物館，係依據福建安溪的建築而營造。茶業博物館提供茶業文化及遊客遊憩雙重功能，自 1997 年開館以來，為臺灣最具規模的茶業典藏建築之一。

相關社團 ■

中華東方茶文化藝術協會：臺北市光復南路 453 之 1 號 1 樓，(02)8780-0329。

交通資訊

1. 搭乘捷運（含接駁專車轉乘）
   (1)新店捷運總站、昆陽捷運總站 4 號出口處→接駁專車轉乘坪林。
   (2)捷運新店站：上午 8：30 至下午 2：00，每 30 分鐘一班車（巡迴班車）。
   (3)捷運昆陽站：（4 號出口）上午 8：00 至下午 2：00，每 60 分鐘一班車（巡迴班車）。
   (4)回程坪林茶業博物館廣場旁→新店捷運總站、昆陽捷運總站（回程），上午 11：00 至下午下午 6：00，每 30～60 分鐘一班車。

2. 鄉內接駁專車
   (1)去程：坪林旅遊服務中心—南山寺。
   (2)回程：南山寺—坪林低碳轉運站。
   (3)上午 11：00 至下午 3：00，每 30 分鐘一班車巡迴。
   (4)去程：水柳腳商圈（甲鼎旁）—金瓜寮（亞通客運）。
   (5)回程：金瓜寮—親水吊橋前牌樓及水柳腳商圈。
   (6)上午 8：00 至下午 5：00，每 30 分鐘一班車（巡迴班車）。

3. 自行開車
   (1)國道三號（北二高）→南港接國道五號（北宜高速公路）→坪林交流道→坪林。
   (2)臺北→新店→北宜公路→坪林。
   (3)平溪→平坪公路（北 43 縣道）→北 42 縣道→坪林。
   (4)雙溪→坪雙公路（北 42 縣道）→坪林。
   (5)烏來、新店 —北宜公路→坪林。
   (6)宜蘭→雪山隧道（國道五號）→坪林交流道→坪林。
   (7)宜蘭→北宜公路→坪林。
   (8)深坑→石碇→縣道 106 乙線→坪林。

4. 搭乘公車
   (1)搭乘新店客運往坪林（923），於新店捷運總站搭車，平日約 60 分鐘一班車，假日約 30 分鐘一班車。（行駛國道路五號）。
   (2)搭乘新店客運往坪林（綠 12），於新店捷運總站發車。（行駛北宜公路）。

住　宿

1. 坪林映象之旅會館：新北市坪林區上德村虎寮潭 1-2 號，(02)2665-6146。
2. 坪林翡翠山林民宿：新北市坪林區粗窟村 8-1 號，(02)2665-6999。
3. 坪林九芎根客棧：新北市坪林區粗窟村九芎根 10 號，(02)2665-8345。

圖 6-3　包種茶製作（❶採
菁：採摘一心二葉
的嫩葉。❷日光曝
曬：置於竹編「笳
藶」上，曝曬使葉
片萎凋。❸室內攪
拌：移至室內，以
雙手攪拌冷卻。）

63.

泰山獅王文化節

新北市政府與泰山區公所主辦的泰山獅王文化節，其名稱源自於獅子為萬獸之王，泰山為五嶽之首，將兩個王者氣象結合，希望泰山能夠成為最具有「獅文化」象徵之處。當地頂泰山巖及下泰山巖每年皆有迎神廟會，亦為俗稱的「泰山大拜拜」，在節慶中「舞獅」藝陣係為不可或缺的活動，在地擁有知名的醒獅團與專門做獅頭的老師傅，在文化節中，皆邀請臺灣知名的隊伍進行競賽，以振奮當地民心。

用你我的生命，體會泰山的活力和熱情，享受心靈的洗滌

景 點

1. 頂泰山巖

頂泰山巖創建於清朝乾隆 19 年（1754 年），原名「福山巖」，又稱為「頂廟」，主祀福建安溪分香來臺的「顯應祖師」；泰山區內另有一「下泰山巖」，係由頂廟分靈，因此稱為「下泰山巖」。廟內結構木雕古色古香，具備傳統技藝之特色，值得細細品味。

2. 明志書院

明志書院係為清朝乾隆 28 年（1763 年）創辦，為北臺灣的首創書院，係為原籍福建汀州永定的貢生胡焯猷及郭宗嘏捐獻成立。閩浙總督楊廷章第二年有感於兩位貢生捐贈開辦經費的義舉，將這義學命名為「明志書院」。

相關社團

中國青年救國團新北市團委會：新北市板橋區中正路 48 號 2F，(02)2974-3632。

交通資訊

1. 自行開車
   (1)國道一號（中山高）五股交流道（14 號出口）→新五路→中山路→泰林路→明志路。
   (2)高速公路五股交流道下（14 號出口）→往新莊、泰山。新五路至第二省道右轉直行至貴子路口（唯一路橋），再右轉至明志路左轉，繼續前行即可到達。
2. 搭乘公車
   (1)搭乘公車 637、638，至「同榮村站」下車。
   (2)搭乘公車 801、616，至「泰山分駐所站」或「泰山國小站」下車，再轉至明志路「下泰山巖站」轉搭公車至「同榮村站」下車。

住　　宿

1. 君悅香格里拉飯店：新北市泰山區中港西路 456 號，(02)2297-5666。
2. 台麗精品旅店：新北市泰山區台麗街 11 巷 1 號，(02)2902-5161。
3. 泰皇商務汽車旅館：新北市泰山區楓樹街 35 號，(02)2900-9797。

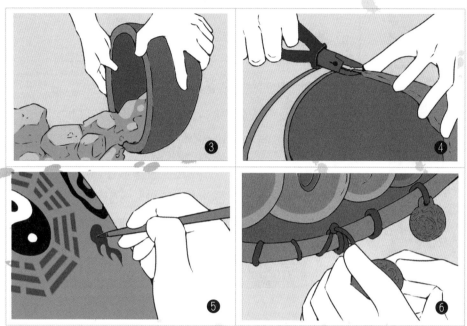

圖 6-4　泰山獅王製作的過程（❶以黏土塑出舞獅的模樣。❷再以紙、布，一
　　　　層層黏上，黏出 10 層。❸風乾後，挖去黏土、留下外殼。❹再用竹片
　　　　將四周圍緊。❺以油漆彩繪獅頭。❻裝上耳朵、鬍鬚，以及鈴鐺。）

64.

新埔柿餅節

位 置　新埔鎮農會產業交流中心

新埔鎮柿餅加工聞名全臺,當地獨特的丘陵地形,以及得天獨厚的九降風,所形成特殊地理天候,對於柿餅加工而言,相對得利。本地所生產的柿餅非常好吃,如今全臺僅設新埔鎮與北埔鄉有柿餅加工的產業,希望透過柿餅節,打響新埔的招牌,透過活動宣傳、趣味、以及知性的活動,能夠與大家分享柿餅的美味。

新埔柿餅香Q帶勁,送禮自用兩相宜。

景 點

1. 三聖宮

三聖宮又稱聖帝廟,位於五埔里的蓮華山腰,廟宇古色古香,古木參天,依山傍水,係為當地客家居民的信仰中心。前有鳳山溪,其支流蜿蜒廟前,河溪清淺,適合親水。

2. 涼井

「飲水思源」涼井位於旱坑里,擁有至少 170 年以上的歷史。過去新埔鎮旱坑里乾旱缺水,全村飲水皆仰賴這口涼井,直到 1973 年,自來水接管成功,涼井才淡化其供水的色彩,之後政府撥款修整,並立碑感謝上天之德。

3. 天主堂

天主堂是西班牙桑朗度神父於 1955 年所建的西式建築,位於新埔鎮中正路。天主堂的神父曾為鎮民提供免費的醫療服務,並且附設幼稚園和內思高工,是地方知名的慈善團體。

相關社團

新埔鎮農會：新竹縣新埔鎮楊新路一段 322 號，(03)588-4351。

交通資訊

1. 自行開車
   (1) 搭乘國道三號（北二高）在關西交流道下→順著匝道接 118 線正義路往新埔直走→經過宵裡橋進入新埔鎮街上中正路→到天主堂的路口右轉民生路，經過學校之後右轉旱坑路，順著指標約 2 公里即達。
   (2) 國道一號（中山高）在竹北交流道下→南下右轉、北上左轉光明六路往竹北市→第一個紅綠燈右轉縣政二路走到底，右轉中山路往新埔，經過新埔大橋直走中正路，經新埔鎮公所後約 200 公尺，到天主堂的路口左轉民生路，經過學校之後右轉旱坑路，順著指標約 2 公里即達。
2. 搭乘客運：搭乘新竹客運可直達新埔 5618、5619、5620、5621。

住　　宿

1. 旱苗莊園：新竹縣新埔鎮照門里 7 鄰 5 號之 3，03-5899099。
2. 竹風民宿：新埔鎮照門里箭竹窩 3 鄰 11-8 號，03-5898097。

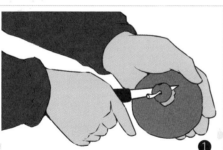

圖 6-5　柿餅製作過程（❶由柿子樹上採摘後，送入加工區去蒂。❷機器上刀臺去皮。❸人工去皮。❹上架送入電爐，將表面水分風乾。❺陽光曝曬 4～6 天，開始按壓。❻讓柿內水分蒸發，壓扁整形。❼送入乾燥室中殺菌。❽零下 20 度冷凍，長出白色的柿霜。）

位置　大湖酒莊

大湖的草莓聞名全臺，想到草莓產品，就和苗栗大湖聯想到一起。苗栗縣政府農業處將草莓栽培採取精緻農業化的行銷手法之後，除了讓草莓培植更為細緻之外，也讓遊客能夠更為盡興地享受站著採草莓的滋味。草莓文化季活動中有許多草莓相關的周邊商品，像是草莓酒、草莓香腸、草莓果醬、餅乾、吊飾、玩偶，等的創意伴手禮。

一莓在手，樂趣無窮。

景點

65. 草莓文化季

1. 草莓文化館

　　草莓文化館在 2004 年開始開放大眾參觀，建築結構和大湖酒莊連成一氣，係為苗栗農會的硬體結構之一。本館一樓是草莓商品展售區，二、三樓是草莓生長史展示區，另有 DIY 紙黏土教學；五樓是餐廳及空中花園。建築物週邊四面環山，登頂之後，可鳥瞰大湖地區的景觀，館內呈現大湖草莓特色，提供親子認識當地特有的草莓文化。

2. 薑麻園

　　薑麻園位於苗栗縣大湖鄉栗林村「關刀山」，因為當地特殊的氣候條件與地形，加上先民種植的薑麻經驗技術優異，普遍種植生薑，所以在質量均優的條件之下上，獲得「薑麻園」的美譽。近年來本地農業技術更進一步，各農

場相繼研發出創意商品，例如：薑汁撞乳、薑汁餅乾、薑汁鮮奶鍋等薑麻料理。

3. 巧克力雲莊

　　巧克力雲莊鄰近雪霸國家公園汶水遊客中心，係以巧克力產品為號召的莊園。除了生產巧克力之外，本地設有禪風泡湯、住宿，可以讓遊客在享用巧克力創意研發產品之外，還能享受巧克力 DIY 的樂趣，以及體會到雲莊老闆對於巧克力的研發熱情。

相關社團 ▋

大湖地區農會：苗栗縣大湖鄉富興村八寮灣 2-4 號，(037)994-800。

交通資訊 ▋

1. 自行開車

　⑴大湖觀光風景線上（省道臺 3 線 130.5K）。

　⑵國道一號（中山高）到苗栗／公館交流道→往苗栗方向直行約 5 分鐘，可以看到苗栗東西向快速道路臺 72（盾牌 72）→上臺 72 往大湖方向→走到底接平面道路（省道臺 3 線 130.5K）約 10 分鐘，就可以看到大湖酒莊停車場。

2. 搭乘火車：搭乘火車山線到苗栗火車站下車，在苗栗火車站前搭新竹客運往大湖或卓蘭班車，在大湖酒莊站牌前下車，正常約 50 分就到達大湖。

3. 搭乘客運：乘新竹客運 5656 路苗卓線「苗栗—大湖、卓蘭」→大湖酒莊站。

住　宿 ▋

1. 巧克力雲莊：苗栗縣大湖鄉富興村水尾坪 49-2 號，(037)996-916。
2. 湖畔花時間：苗栗縣大湖鄉義和村淋漓坪 126 號，(037)996-795。
3. 獅潭八角居所：苗栗縣獅潭鄉新豐村八角坑 2-1 號（鄰近大湖草莓之鄉），(037)932-666。
4. 石壁山莊：苗栗縣大湖鄉富興村法雲寺 5 號之 3，(037)990-413。
5. 石風渡假城堡：苗栗縣大湖鄉富興村 6 鄰水尾 5-10 號，(037)993-366。

66.

臺中爵士音樂節

位 置	臺中經國園道、市民廣場

臺中市政府自 2002 年開始，每年 10 月舉辦爵士戶外活動，是臺中市文化季中最令人注目的活動之一。2009 年開始從文化季中獨立出來，最初只舉辦 3 天，後來因民眾迴響熱烈，變成舉辦十天以上的連續活動。音樂節係爲效仿愛丁堡嘉年華，邀請國內外知名團體前來演奏，除了感受臺灣爵士樂的氛圍之外，並透過國際樂團的熱情交流，讓民眾耳目一新。

純粹爵士‧超級響亮

景 點

1. 高美濕地

高美濕地位於臺中市清水區大甲溪南岸的高美濕地，擁有臺灣最大族群的雲林莞草棲地，2004 年臺中縣政府公告劃設高美濕地為野生動物保護區，以保護當地的候鳥棲地環境。

2. 逢甲商圈—逢甲夜市

逢甲夜市位於臺中市西屯區逢甲大學附近，當地許多商家匯集成為逢甲商圈，又稱為文華夜市，目前係為臺灣最大的夜市之一。交通部觀光局曾於 2010 年舉辦「特色夜市選拔活動」，與基隆廟口夜市共同取得「臺灣最美味夜市」的頭銜。

相關社團

社團法人中華民國公共藝術教育發展協會：臺北市民生東路四段 97 巷 1 弄 23 號 2 樓，(02)2719-1060。

交通資訊

1. 自行開車
   (1)國道一號（中山高）中港交流道下→往臺中市區方向→中港路直行→英才路右轉→公益路右轉→抵達經國園道市民廣場。
   (2)國道三號（二高）北部南下→國道 4 號→中山高（南下）→中港交流道下→往臺中市區方向→中港路直行→英才路右轉→公益路右轉→抵達經國園道‧市民廣場。
   (3)國道三號（二高）南部北上→龍井交流道下→往臺中市區方向→中港路直行→英才路右轉→公益路右轉→抵達經國園道‧市民廣場（下交流道之後，約 25～30 分鐘路程）。
2. 搭乘高鐵：高鐵臺中站下車→轉乘免費高鐵快捷公車：高鐵臺中站─臺中公園（約 15 分鐘一班）→科學博物館（SOGO 百貨）下車，步行至經國園道‧市民廣場。
3. 搭乘公車：搭乘市區公車票價全票 20 元，半票〈適用於兒童、老人、身心障礙者、身心障礙陪伴者〉11 元，公路公車票價按里程收費。

住　宿

1. 臺中亞緻大飯店：臺中市西區英才路 532 號，(04)2303-1234。
2. 臺中裕元花園酒店：臺中市西屯區臺灣大道四段 610 號，(04)2465-6555。
3. 臺中全國大飯店：臺中市西區臺中港路一段 257 號，(04)2321-3111。

67.

嘉義交趾陶藝術節

| 位 置 | 嘉義市立博物館 |

交趾陶是嘉義最著名的傳統技藝，同時也是臺灣最珍貴的工藝之一。每年 11 月中旬，嘉義市政府舉辦交趾陶藝術節，透過競賽、推廣、展覽與行銷活動，有助於交趾陶技藝的研發和推廣。本地擁有全國唯一的交趾陶館，可透過各種方式將技藝傳承下去。

交趾陶的美，讓我們一同見證

| 景 點 |

1. 嘉義市中正公園

嘉義市中正公園於 1989 年正式對外開放，日據時期是嘉義的工會堂，光復之後更名為中正堂，擁有球場等康樂設施，其中的「康樂暮鼓」被列為嘉義八景之一。中正公園文藝設施齊全，其中露天音樂臺擁有 600 個拱型開放式觀賞座位，可用為大型的戶外表演場所，同時兼具嘉義地區藝文活動的最佳舉辦地點。

2. 嘉義文化路夜市‧噴水池圓環

嘉義文化路夜市圓環中央噴水池在 1970 年被營造成為第一座七彩噴水池，現今仍為嘉義市的重要地標之一。鄰近的文化路夜市，曾為嘉義最繁榮的地區，目前獲選為臺灣十大夜市。本地和嘉義火車站之間步行距離，約為 15 分鐘，可購買品嚐當地小吃及伴手禮。

3. 陳澄波、二二八文化館

文化館位於嘉義市中正商圈內，面對中正公園，記載

許多二二八時期嘉義重大事件。本館具備教學兼社區工作，其中擁有動線式景點文化館，介紹畫家陳澄波的藝術作品。本館致力於二二八景點介紹、陳澄波畫作展覽介紹，以提昇嘉義子弟的精神視野。

相關社團 ▌

財團法人陳澄波文化基金會：嘉義市垂楊路318號10樓之3，(05)228-2825。

交通資訊 ▌

1. 自行開車
   (1)國道一道（中山高）南下或北上→從嘉義交流道下，轉接159號縣道即可抵達嘉義市。
   (2)國道三號（二高）高速公路南下或北上→竹崎交流道或中埔交流道下，皆可抵達嘉義市。
   (3)走1號省道，不論南下或北上，皆可抵達嘉義市。
2. 搭乘火車（含轉乘）：搭乘火車出嘉義火車站→左轉沿著林森西路，直到忠孝路後左轉，繼續直走2分鐘即可到達。

住　宿 ▌

1. 麗景精品休閒旅館：嘉義市東區嘉南街137號，(05)278-7999。
2. 兆品酒店：嘉義市西區文化路257號，(05)229-3998。
3. 吉祥旅社：嘉義市東區共和路344號1-2樓，(05)278-3857。
4. 宏榮旅社：嘉義市東區公明路370號，(05)227-6000。
5. 華宮旅社：嘉義市西區長榮街321號，(05)228-3278。

圖 6-6　交趾陶的製作過程（❶打稿：勾勒出想要製作的形體。❷塑型：以捏、
堆、塑、貼、刻、畫等技巧製作。❸上釉：陰乾後，進行電窯素燒 1,100
度，漆上釉色。❹燒釉：攝氏 900 度，燒製時間 10 小時。）

68.
阿里山鄉鄒族生命豆季

| 位　置 | 阿里山 |

肉豆係為阿里山上普遍的藤蔓植物，鄒族人稱為生命豆，即使在貧瘠無法耕種的土地上，依然可以突破生命的困境，茁壯成長，因而象徵新生與愛情。生命季中舉辦鄒族的傳統婚禮，男方會將放在竹筒裡的 12 粒生命豆，交付給女方，女方再將生命豆花，交還給男方。儀式由長老主持儀式，用同心杯飲同心酒，最後由阿里山鄉長頒發結婚證書，之後以歌舞表演慶祝。本活動以原住民嘉年華會的方式呈現，係為鄒族一年一度頗富盛名的饗宴。

愛在呼喚，鄒族部落

| 景　點 |

1. 奮起湖

奮起湖舊稱「糞箕湖」，在臺語「湖」的意思即為低窪之意，後來本地稱為奮起湖，係為阿里山森林鐵道的中繼站。火車站下方建有一條 500 公尺左右的老街，昔日為木屐製造的重鎮，現在則販賣當地特產、便當、豆腐和糕餅等美食著名，同時當地還留有古早風味的面霜，以及老百貨舖的童裝針線等雜貨店。

2. 石棹

石棹又稱石桌，當地以種植茶葉為生，係為阿里山公路的中繼站，也是數條公路的交會點。本區沿途風景秀麗，

擁有如觀音瀑布、半天岩紫雲寺、驛馬溪休閒農場、石幻谷等地美景。

相關單位 ▋
1. 阿里山鄉公所：嘉義縣阿里山鄉樂野村 2 鄰 69 號，(05)256-2547。
2. 阿里山鄉山美社區：嘉義縣阿里山鄉山美村 3 鄰 51 號，(05)258-6994。

交通資訊 ▋
1. 自行開車
   ⑴ 國道三號（北二高）往南→下中埔交流道（約 297km）→臺 18 線（阿里山公路）→阿里山。
   ⑵ 國道一號（中山高）嘉義交流道→嘉義市（有阿里山指標）→北港路右轉外環道（世賢路）→吳鳳南路→臺 18 線（阿里山公路）→阿里山。
   ⑶ 國道三號（南二高）往北，下中埔交流道→臺 18 線（阿里山公路）→阿里山。
   ⑷ 國道一號（中山高）往北→嘉義系統交流道→水上（273k）處→ 82 號東西向快速道路→南二高（國道 3 號）北上→下中埔交流道→臺 18 線（阿里山公路）→阿里山。
2. 搭乘公車：嘉義縣公車（嘉義火車站右前方）→阿里山站。
3. 搭乘火車：臺鐵火車嘉義站（前站）→阿里山森林火車→阿里山站。
4. 搭乘高鐵（含轉乘）：高鐵嘉義站（2 號出口）→嘉義客運 BRT 公車→嘉義火車站（後站）→阿里山森林火車（嘉義—阿里山）或嘉義縣公車（嘉義—阿里山）→阿里山站。

住　宿 ▋
1. 阿里山櫻山大飯店：嘉義縣阿里山鄉中正村 39 號，(05)2679803。
2. 神木賓館：嘉義縣阿里山鄉中正村 50 號，(05)2679666。
3. 阿里山閣大飯店：嘉義縣阿里山鄉香林村 1 號，(05)2679611。

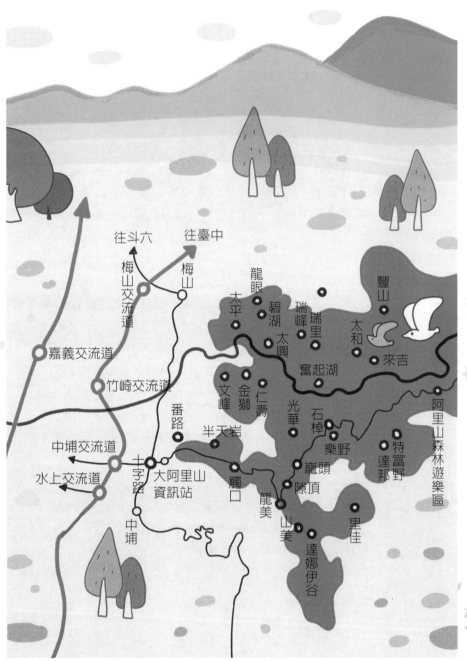

圖 6-7　阿里山鄉旅遊地圖

69. 鯤鯓王平安鹽祭

位置 南鯤鯓代天府廣場

臺灣鹽業擁有 340 年以上的歷史，2002 年七股最後鹽灘歇業之後，臺灣鹽業正式宣告走入歷史終結點。當地因而閒置許多鹽田，鯤鯓王平安鹽祭舉辦之後，觀光局希望民眾能重新體驗鹽田風光，現場致贈平安鹽祈福袋，並提供趣味性的活動。

> 踏進雲嘉南，了解鹽的故事，體驗南臺灣文化。

景點

1. 安平老街

300 多年前荷蘭據臺時期，修築了臺灣的第一條近代道路，也就是傳聞中臺灣第一街的延平街。延平街因為地處於安平古堡旁邊，所以又稱為安平老街。在古色古香的建築街區行走，可看到阿嬤時代的柑仔店、古早味童玩店、小吃店、蜜餞店，是遊客到臺南推薦的景點。

2. 孔廟

「全臺首學」臺南孔廟於 1983 年被政府明令為國家第一級古蹟，為全臺最早的書院，其建築格局完整，保持傳統「左學右廟」的規模。左學是明倫堂，右廟則以大成殿為中心。其中大成殿最令人矚目，因為大成殿中沒有一根木柱和迴廊，僅靠牆面支撐，成為臺灣木結構中的範式建築。

相關社團 ▌

南鯤鯓代天府管理委員會：臺南市北門區鯤江村 976 號，(06)786-3711。

交通資訊 ▌

自行開車：國道一號（中山高）南下→新營交流道（往鹽水）→縣 172（左
　　　　　轉）→臺 19（往南）→學甲→縣 171（右轉）→臺 17（往北）
　　　　　→南鯤鯓代天府基隆下高速公路→銜接濱海公路→經八子斗
　　　　　到本處
　　　　　國道一號（中山高）北上→麻豆交流道→縣 171（學甲）→臺
　　　　　17（往北）→南鯤鯓代天府

住　　宿 ▌

1. 臺糖長榮桂冠酒店：臺南市東區中華東路三段 336 巷 1 號，(06)289-
　 9988。

2. 大億麗緻酒店：臺南市中區西門路一段 660 號，(06)213-5555。

3. 臺南維悅統茂酒店：臺南市安平區慶平路 539 號，(06)295-0888。

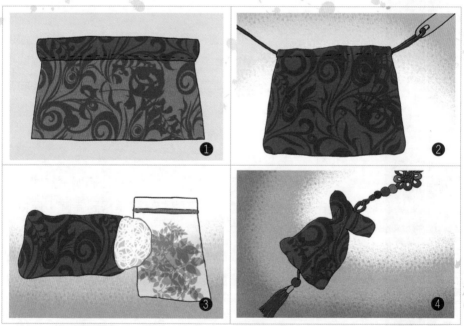

圖 6-8　平安鹽祭福袋製作的過程（❶將布邊縫製。❷束口之後，拉緊縫線。
❸將棉花和艾草粉置入。❹加花帽及珠鍊，將紅絲線結成蝴蝶結。）

70.

高雄左營萬年季

| 位 置 | 高雄市左營區蓮池潭 |

左營古稱「萬年」,「萬年季」係源於左營廟宇的宗教慶典活動,以廟會形式拓展到左營當地學校,其中廟宇和民俗技藝團等傳統隊伍,都熱情響應。其中最具特色的是慈濟宮「迎火獅」活動,以紙糊獅頭為首,火獅全身以竹架支撐,纏繞各色火炮,點燃之後場面類似鹽水蜂炮。2005 年之後,萬年季擴大舉辦,成為全國最知名的慶典活動之一,其名稱也由「左營萬年季」改為「高雄左營萬年季」,原來宗教慶典成了高雄市政府推動的觀光文化活動,也為當地蓮池潭景區生色不少。

火獅出巡好威風,熱鬧踩街神來也。

| 景 點 |

1. 蓮池潭風景區

蓮池潭是高雄市最大的池塘,周圍有 20 座以上的寺廟,係為左營的寺廟觀光聖地。鄰近有許多風景優美的景點,例如九曲橋、春秋閣、龍虎塔、啟明堂、孔廟、五里亭等。

2. 瑞豐夜市

瑞豐夜市是高雄規模最大,管理最完善的夜市之一,該夜市已擁有 20 年以上的歷史,是高雄市民常去消費的市區景點。

相關單位 ▎

1. 高雄市政府 四維行政中心：高雄市苓雅區四維三路 2 號，(07)336-8333。
2. 鳳山行政中心：高雄市鳳山區光復路二段 132 號，(07)799-5678。

交通資訊 ▎

1. 自行開車
   (1) 國道一號（中山高）北上鼎金系統→東西向國道 10 號（往高雄左營端）→翠華路→蓮池潭。
   (2) 臺 1 線（民族路）（左轉）大中一路（往地下道方向）→翠華路→蓮池潭。
   (3) 臺 17 線（中華路）→翠華路→環潭路→蓮池潭。
   (4) 左營大路（右轉）勝利路、店仔頂路、元帝路或孔營路→蓮池潭。
   (5) 國道一號（中山高）南下鼎金系統→大中快速道路→翠華路→蓮池潭。
   (6) 國道三號（南二高）燕巢系統→東西向國道 10 號→（往高雄左營端）→翠華路→蓮池潭。
   (7) 臺 1 線（民族路）（右轉）大中一路（往地下道方向）→翠華路→蓮池潭。
   (8) 臺 17 線（翠華路）（右轉）環潭路→蓮池潭。
   (9) 左營大路（左轉）勝利路、店仔頂路、元帝路或孔營路→蓮池潭。
2. 搭乘火車（含轉乘）：左營火車站→蓮池潭（步行約 5 分鐘）。
3. 搭乘公車：301、218、205、219、17、29、6 等 7 線市區公車路線。

住　宿 ▎

1. 85 大樓 -85 碼頭：高雄市苓雅區自強三路五號，0911-143-467。
2. 夢想家汪汪小窩：高雄市前鎮區新光路 21 號，0971309452。
3. 高雄 85 大樓彩色窩：高雄市苓雅區自強三路 5 號，0938-763826。
4. 昭來商務旅館地址：高雄市苓雅區青年一路 311 號，(07)333-5111。
5. 聖淘沙：高雄市鹽埕區七賢二路 423 號 10-12F，(07)533-5158。

圖 6-9　舞龍製作的過程（❶龍頭：用竹篾編成頭部，用樹脂糊上白布。❷紮
圈：竹篾編成竹籃於竹竿上，紮數十個圓圈。❸成龍：以鐵絲進行固
定，畫上龍鱗、貼上亮片。）

71.

宜蘭三星銀柳節

銀柳花卉係宜蘭三星鄉特有的植物，在三星鄉民的努力之下，銀柳節成了地方特色之一。宜蘭三星銀柳節活動內容豐富，花卉設計極具巧思，除了結合盆栽造景之外，同時推動蔥蒜風味餐、油菜花、大波斯菊等農特產品及美味食材，另舉辦銀柳 DIY、銀柳陶藝 DIY 等活動，讓遊客親身體驗銀柳的造景之美。

> 三星賞銀兩（柳），迎好運。

景 點

1. 三星青蔥文化館

三星青蔥文化館係介紹三星鄉最主要的經濟作物之一的三星蔥，透過文化館介紹青蔥的生態、品種，並且舉辦創意體驗活動，例如創意木雕等，提供給遊客豐富的旅遊資訊，並且展現當地農產品特色。

2. 天送埤休閒農業區

天送埤舊稱天山或天福二村，係為太平山鐵道最重要的轉運站之一，也是蘭陽平原進入馬告地區之隘口。天送埤生態環境豐富，擁淳樸的田園風光，因此該農業區吸引喜歡生態旅遊的遊客，享受此間的田園趣味。

3. 三星鄉清水地熱

清水地熱在大同鄉清水村南側的清水溪谷中，地熱泉從地下冒出。因為溫度高達攝氏 95 度，泉質黃濁，並不適合供人入內沐浴浸泡溫泉。附近地區山巒疊翠，適合郊遊，可以用溫泉煮蛋。

相關社團█

1. 玉蘭休閒農業區推動管理委員會：宜蘭縣大同鄉松羅村鹿場路 4-1 號，(03)980-1005。
2. 天送埤休閒農業區推動管理委員會：宜蘭縣三星鄉天山村下湖路 1 號，(03)989-1698。

交通資訊█

1. 自行開車
   (1) 羅東方向走省道臺 7 丙線往太平山方向→三星→三星分局右轉 100 公尺可達三星地區農會。
   (2) 宜蘭方向可走省道臺 7 線往梨山方向→員山→約 2 公里右轉深洲大道→右轉三星地區農會。
   (3) 縣道 196 號往三星方向，約 10 公里可到達三星地區農會。
2. 搭乘火車：搭乘北迴線火車至羅東站下車→前站出口直行萬泰商銀前候車站牌，搭乘往天送埤或牛鬥。
3. 搭乘客運
   (1) 三星方向國光客運班車在三星站下車，約 40 分鐘一班車。
   (2) 葛瑪蘭客運或首都客運羅東站（光榮路）下車，由羅東火車站後站進入至前站出口直行至萬泰商銀前候車站牌，搭乘往天送埤或牛鬥、三星方向國光客運班車在三星站下車，約 40 分鐘一班車。

住　宿█

1. 眠腦教育民宿：宜蘭縣三星鄉天福村東興路 32-1 號，(03)989-5566。
2. 蔥仔寮體驗農場：宜蘭縣三星鄉天福村東興路 13-2，0937-995104。
3. 星宿渡假別墅：宜蘭縣三星鄉天福村東興路 13-5 號，0935171783。

圖 6-10　銀柳種植圖（❶每年二月，將開完花的銀柳修剪下種。❷紅色的花苞長出來後，準備進行採收。❸一束束採收的銀柳。）

72. 太魯閣峽谷音樂節

位 置	太魯閣臺地

太魯閣國家公園管理處自 2002 年開始舉辦古典音樂演奏活動，深受國內外民眾喜愛。本音樂節經過經年累月的宣傳，已經成為東部地區重要的年度音樂活動，希望以草地、溪石為席，高山峽谷為幕，在大自然音樂廳的饗宴之下，聆聽優美的音樂，沉浸在樂器旋律與自然山林交響的樂章之中。

聆聽最原始的聲音

景 點

1. 太平洋左岸花蓮七星潭觀海

　　「七星潭」之名最早出現在清朝同治年間「臺灣輿圖」之中，係為古地名。早期本區擁有許多大小不等的湖泊、濕地，號稱星羅棋布，因而有七星潭的緣由。

2. 花蓮海洋公園

　　花蓮海洋公園隸屬於遠雄企業，該公園依山傍海，提供前來花蓮的旅客充分的遊憩設施，以及購物享樂之處所。

相關單位 ▮

太魯閣國家公園管理處：花蓮縣秀林鄉富世村富世 291 號，(03)862-1100。

交通資訊 ▮

1. 搭乘火車：搭乘花蓮—宜蘭下行區間快車（均增停新城站）→搭免費接駁專車。

2. 自行開車：太魯閣臺地位於臺八線（東西橫貫公路）牌樓附近。

3. 搭乘客運：搭乘花蓮客運至新城（太魯閣）火車站後→搭免費接駁專車。

住　　宿

1. 花蓮亞七都飯店：花蓮縣花蓮市海濱大道民權路6-1號，(03)832-6111。

2. 邑采精緻旅店：花蓮市富安路90號，(03)856-8877。

3. 花東京城商務旅店：花蓮市復興街26號，(03)832-7259。

4. 太魯閣晶英酒店：花蓮縣秀林鄉天祥路18號3F，(03)869-1155。

5. 立德布洛灣山月村：花蓮縣秀林鄉富世村231-1號，(03)861-0111。

圖 6-11　太魯閣峽谷音樂祭

73. 花東縱谷花海季

| 位 置 | 花蓮縣壽豐、鳳林、光復、瑞穗、玉里、富里；臺東縣池上鄉、關山、鹿野臺九線省道 |

花東縱谷的稻田，每年冬天 12 月到翌年 2 月都為休耕季節，為了要發展休耕季節的觀光產業，輔導農民輪植花卉，形成冬季花海，政府鼓勵花東縱谷休耕農田種植油菜花及波斯菊花卉，一望無際的花海，長約 150 公里，面積約 7,500 公頃，以提高臺灣東部的觀光價值。

花現幸福，樂遊花東

景 點

1. 赤柯山

　　赤柯山位於海岸山脈海拔 900 公尺的峰頂上，最著名的係為每年 8～9 月盛產的金針花海，該地區氣候宜人，擁有青山綠水，秀姑巒溪蜿蜒其中，吸引各地民眾前來觀賞。

2. 連家古厝

　　連家古厝是日據時代的建築，係當年連碧榕僱用大批的工人而建造的三落建築與倉庫群。連家古厝象徵了在日據時期臺灣東部地主家庭的建築居住模式。

相關社團

1. 花蓮縣壽豐鄉農會：花蓮縣壽豐鄉壽豐村壽山路 19 號，(03)865-3101。
2. 花蓮縣瑞穗鄉農會：花蓮縣瑞穗鄉中山路一段 128 號，(03)887-1044。

3. 花蓮縣富里鄉農會：花蓮縣富里鄉羅山村 9 鄰東湖 6 號，(03)882-1705。

4. 臺東縣池上鄉農會：臺東縣池上鄉中山路 302 號，(089)862-010。

5. 臺東縣關山鎮農會：臺東縣關山鎮和平路 78 號，(089)811-680。

交通資訊 ▌

1. 自行開車：國道三號（北二高）南下→國道 5 號→臺 9 線。

2. 搭乘火車：玉里火車站→步行至會場（約 20 分鐘）。

住　　宿 ▌

1. 靜廬度假別墅：花蓮縣瑞穗鄉富興村中正北路三段 238 號，(03)881-2339。

2. 低調民宿：花蓮縣富里鄉竹田村富田 81-2 號，0933-766153。

3. 紐澳華溫泉山莊：花蓮縣玉里鎮安通里溫泉 41-5 號，(03)888-7373。

圖 6-12　花東縱谷花海季路線圖

74. 東海岸旗魚季

| 位 置 | 臺東縣成功鎮海濱公園 |

臺東縣成功鎮的新港漁港係為臺灣東海岸主要的漁港之一，旗魚在漁獲量中，占有最大比例，每年的 11 月是旗魚盛產期。臺東縣政府自 2001 年起，舉辦東海岸旗魚季活動，源自於當地民俗慶典活動，含有祈福、消災，以及團圓的用意，為了祈求來年漁獵豐收，活動中透過旗魚祭典，表達討海人對大自然最虔誠的敬仰。

新港旗季，魚到成功。

景 點

1. 烏石鼻漁港

烏石鼻漁港位於臺東縣長濱鄉，其海中的岬角係為火山噴發後的熔岩凝結之後的礁岩景觀，長約 200 公尺，寬度約 2 公里。因其形狀類似鼻子，取名為烏石鼻，是臺灣本島知名的柱狀火山岩體。

2. 三仙臺

三仙臺位於臺東縣成功鎮東北方，由珊瑚礁海岸構成。本地擁有海岸地形，包含三塊巨大的岩石，傳說八仙中的呂洞賓、李鐵拐、何仙姑曾登此三島而得名。由於本地強烈的海蝕作用，形成仙劍峽、合歡洞等海蝕溝、壺穴、海蝕柱、海蝕凹壁等特殊海岸地形。

相關社團

1. 佳濱成功旗魚：臺東縣成功鎮中山路 42 號，(089)854-899。
2. 成功之星 (原海神號) (賞鯨)：臺東縣成功鎮港邊路 1-4 號，(089)850520。
3. 臺東之聲廣播電臺：臺東市四維路三段 11 號 15 樓，(089)352-897。

交通資訊

1. 自行開車：國道三號（北二高）北上→南港系統交流道出口下交流道
　 →國道五號→蘇澳交流道（南）出口→臺九線→臺十一線→成功鎮。
2. 搭乘火車：臺東火車站下→接駁車→成功鎮。

住　宿

1. 大統休閒旅館：臺東縣成功鎮石傘路 36 之 2 號，(089)871-756。
2. 真王子大旅社：臺東縣成功鎮中山路 56 號，(089)851-612。
3. 旭海民宿：臺東縣成功鎮民豐街 2 號，0919-873-071、(089)850-008。
4. 東海民宿：臺東縣成功鎮民生路 55 號，(089)854-863。

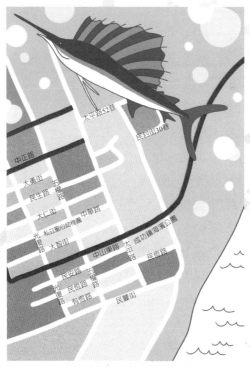

圖 6-13　臺東縣成功鎮海濱公園

75. 澎湖風帆觀光節

位 置	觀音亭休閒園區海域、林投公園海域

澎湖縣政府為了刺激澎湖冬季淡季的觀光，自 2001 年開始，每年舉辦亞洲盃澎湖風浪板競速賽。冬季東北季風冷冽，但較適合從事海上競速的風帆活動，吸引多國風帆高手前來，體驗駕著風帆遨遊大海的豪情。2013 年改稱「2013 澎湖島帆船週系列賽」。

> 澎湖浪花，澎湃風帆。

景 點

1. 花嶼燈塔

花嶼燈塔擁有「花嶼之光」的美稱，係為日據時代因軍事目的而興建。塔高 12.5 公尺，塔身為圓形鋼筋混凝土結構。由於燈塔位處澎湖花嶼島的西端，可見落日餘暉。

2. 白沙島

白沙島係為澎湖群島中的第三大島，因鄰近海域裾礁地質受到波浪侵蝕，其殘留瑚礁屑的碎砂，在海濱中堆砌出純白色的沙灘而聞名。

3. 跨海大橋

跨海大橋係為白沙、漁翁兩島之間所構築的大橋，在 1970 年完工，全長 2,478 公尺，當年為遠東第一深海大橋，橋前拱形橋門，係其著名地標。

相關社團

高雄市體育會帆船委員會：高雄市鹽埕區必忠街262號，(07)525-0637。

交通資訊

1. 搭乘飛機：搭乘立榮、復興、華信等航空公司，分別從臺北、臺中、臺南、嘉義、高雄起飛，票價 1,500～2,000 元。觀光旺季，視旅客需求增加班次。

   臺北：松山機場→澎湖：馬公機場。

   嘉義：嘉義機場→澎湖：馬公機場。

   臺中：臺中機場→澎湖：馬公機場。

   臺南：臺南機場→澎湖：馬公機場。

   高雄：小港機場→澎湖：馬公機場。

   七美：七美機場→澎湖：馬公機場。

   七美：七美機場→高雄：小港機場。

   望安：望安機場→高雄：小港機場。

2. 搭乘船隻：至馬公第 3 漁港碼頭（南海遊艇碼頭）、赤崁遊艇碼頭搭船，往返臺灣。

   嘉義：布袋港→澎湖：馬公港。

   臺中：臺中港→澎湖：馬公港。

   臺南：安平港→澎湖：馬公港。

   高雄：高雄港→澎湖：馬公港。

住　宿

1. 珊瑚海民宿：澎湖縣馬公市鎖管港里 1021 號，(06)995-1941。
2. 澎湖灣民宿：澎湖縣馬公市東衛里 43-1 號，(06)921-5830。
3. 中信大旅社：澎湖縣馬公市中興路 22 號，(06)927-2151。

節慶
小博士

農曆

農曆是東亞傳統上所使用的日期計算方式，又稱為農民曆、夏曆、陰曆、舊曆，其中二十四節氣來反映季節的時間點，與現在使用的陽曆的季節類似。到了現在，全世界的華裔國家、韓國、日本、越南等國家都還在使用這個日期計算的方式，並且仍沿用傳統上的曆法來推算傳統節日，如中秋節、春節、端午節、元宵節等。

圖 6-14　澎湖島帆船週系列賽位置圖

第七章
節慶答客問

「燕不可無書，而難爲書。」——明‧方逢年（1585 — 1646 年）《帝京景物略》敘文（1635年，明崇禎八年版）

臺灣節慶和民俗有許多由來
12個你不可以不知道的民俗常識

　　節慶觀光與民俗採集臺灣節慶民俗風采，其間匯集了大量的人力及物力蒐集臺灣較具有代表性的節慶活動、觀光景點、住宿交通。這些活動及景點相當重要，但是這些重要的資訊一再地變動，很難編纂成書。此外，過去這些節慶景點活動以及其歷史文化背景也一直乏人進行有系統地蒐集、歸類及分析。

　　所以，本章引用明末方逢年在《帝京景物略》敘文，開宗明義「燕不可無書，而難爲書」，以闡明本書成冊的艱辛過程。從本書中我們了解到這些活動可追溯至中國歷代的傳統節慶活動，本章簡述中國節慶的典故，從節慶答客問，介紹臺灣節慶和民俗的由來，並且在最後的附錄之中，介紹觀光在中國春秋時代的原始定義，以爲「觀光」正名之。

節慶
小博士

1. 除夕

除夕是中國傳統農曆上的最後一天，又稱作大年夜。「除」為去除、交替的意思，「夕」則為夕陽西下的意思，因此除夕合在一起即為去除過去、除舊布新的意思。每當到了這一天，家家戶戶都非常忙碌，像是舉辦拜天公、辭歲、貼春聯、圍爐、壓歲錢、守歲等許多活動。

2. 春節

春節是農曆的新年頭五天，自古有「初一拜年、初二回娘家、初三睡到飽、初四迎財神、初五開工」的說法。

春節由來的說法眾說紛云，較為人所知的是年獸的故事。根據傳說，古代的時候有一隻年獸每隔一年就會從海底出來擾害人間，人們為求平安，開始發現年獸會怕爆竹的聲音，於是家家戶戶都燃放鞭炮，然後隔天為了慶祝大家平安，便開始貼春聯，逢人就說恭喜、恭喜。

3. 舞龍、舞獅

舞龍和舞獅活動是源自於中國南北朝至唐朝時代的一種傳統技藝，現在已經流傳到東南亞各國，並且聞名世界。古人相信，舞龍和舞獅可以趨吉避凶。因此，每逢到了節慶活動的時候，都會邀請舞龍、舞獅的表演。

4. 放天燈

臺灣的天燈又稱為平安燈、祈福燈，「放天燈」顧名思義就是祈福平安的意思。天燈的歷史可以回溯到三國時代的諸葛亮時代。諸葛亮又名孔明，所以那時候叫作孔明燈，用來在作戰時通訊使用。後來，天燈都是在元宵節施放，到了現在則是隨時都可以施放，成為一種祈福許願的工具，但是隨地施放的結果，不慎常會造成森林火災。2010 年上海世博的臺灣館，採用天燈造型來代表臺灣的意象。

5. 清明節

清明節是中國傳統的重要節日，主要是後代子孫都在這一天祭拜祖先，打掃墓園，表達慎終追遠的意義。從古至今已經有許多祭拜方式。例如，臺灣較為常見的「掛紙」、「培墓」，客家人的「印墓粿」，還有包括吃蛋、雕畫蛋殼、包春捲、以及放風箏等活動。

6. 端午節

端午節與中秋節、春節並稱為中國的三大節日，時間為農曆的五月初五。由於時值進入夏季，所以傳統上與之相關的節慶活動，都和驅除蚊蟲有關。例如，端午節會掛的艾草，即有驅除蚊蟲與避邪的用意。端午節活動也有一說是為了紀念戰國時代楚國的愛國詩人屈原，例如像是賽龍舟、包粽子都與屈原的故事息息相關。

7. 划龍舟

　一般認為，划龍舟是戰國時代楚國人民為了尋找投江自盡的愛國詩人屈原所誕生的
活動，後來演變成一種祭水神的儀式。古代龍舟活動包含消災祈福的儀式，現在除
了是端午節必備的活動之外，更已經推廣到世界各國，還進展到奧運的殿堂，同時
也是中國人在民俗活動上的驕傲。

10 人龍舟比賽船隻的規格

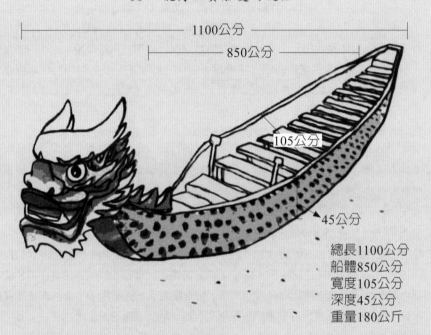

總長1100公分
船體850公分
寬度105公分
深度45公分
重量180公斤

8. 代天巡狩

　「代天巡狩」有王爺代替天帝巡查人間善惡的意義，或者有朝廷欽差大臣代替天子
巡視政區的用意。前者較為世人所通用，是因為自古以來中國華南一帶高溫潮濕，
而且有許多瘟疫發生。在醫學不發達的時代，人民便乞求瘟神賜予法力，以保障家
家戶戶平安，這些幫忙人間平安的厲鬼與瘟神後來成為正神，被天帝賜封為王爺，
便產生了王爺的信仰。

9. 吃粽子

　吃粽子的由來要追溯到公元前三世紀的戰國時代楚國愛國詩人屈原，當時他因為憂
國憂民而投江自盡，百姓怕他死後肚子會餓，便將煮熟的糯米飯糰丟入汨羅江中給

他吃。後來又傳說，屈原託夢告知糯米飯被魚吃掉的消息，於是百姓們便將糯米飯改包進竹葉裡丟入江中，此即為粽子的原始由來。另有一種說法是，為了怕魚破壞屈原的屍體，於是將粽子丟入江中，供魚食用。

10. 中秋節

農曆八月十五日中秋節吃月餅的習俗，相傳是在元朝末年，漢人為了推翻蒙古人的統治，在餅中藏著小紙條，作為秘密通訊之用，然後相約在八月十五日那一天起義，而那一天恰巧是月圓之夜。時至今日，中秋節吃月餅已經變成了一種傳統習俗，家家戶戶都會製作月餅來享用，以及分送親朋好友，象徵闔家團圓的過節意味，相當濃厚。

11. 冬至

冬至為中國傳統農曆二十四節氣中的冬節，大約在陽曆的十二月二十二日或二十三日左右。這一天太陽直射南迴歸線，是北半球最冷的一天，因此這一天過後，日子會漸漸回暖，有「冬至陽生」的說法。傳統上，在冬至這一天要吃餛飩也要吃湯圓，和元宵的湯圓不同，冬至吃的湯圓有象徵圓滿、團圓之用意。

12. 如何「跋杯」問事？

(1) 筊

「跋杯」（擲筊）是民間信仰中，遇到不能決定的事情，到廟裡尋求答案的一種方式。通常杯筊的材料採用木頭或竹頭製成，共有成對新月形狀的杯筊兩片。杯筊的隆起部分，稱為「陰筊」；平面部分稱「陽筊」。一般人們皆是以焚香之後，再來擲杯筊的方式，請教神明，臺語稱為「跋杯」。

(2) 杯筊表示的意義

①聖筊（一陰一陽）

杯筊呈現一陰一陽，則表示聖筊，表示「是、可以，或是神明允諾」的意思。

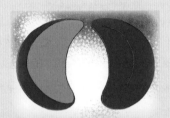

②陰（二陰）

杯筊呈現兩個隆起面，則是陰筊，表示「不是、不可以，神明不允諾」的意思。

③笑筊（二陽）

杯筊呈現兩個平面，則是笑筊，表示「不置可否、答案未定，或是神明不清楚您詢問的問題」的意思。通常得到這個答案之後，需要稟明問題，然後再「跋杯」一次。

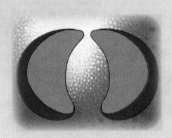

跋

引錫希宏大，光朝肇本基。
啓承時紹祖，忠孝世爲師。

據傳炎帝直系方雷氏生嫘祖，嫁黃帝生漢族子孫百餘代。

方氏族譜上記載：「引錫希宏大，光朝肇本基。啓承時紹祖，忠孝世
爲師。」「錫」爲中國古代以來印刷文物之重要工具；「引錫」是希望後代
子孫讀書考試。執錫笏以諫明君，俾益良政治世，宏圖治國，以利澤天
下。此一光宗耀祖之舉，需要依「風水、功德及讀書」方法，方可繼承祖
先遺訓，俾世世代代教忠教孝，爲「帝王師」，爲「將帥師」，爲「世人師」。

狂沙東逝西嘯冷，寧不回首隱山川；
長憶燕趙豪士魂，何容金劍夢銷沉[1]。
——方偉達（1993.9）

本書《節慶觀光與民俗》的編纂過程，緣起於筆者在 2007 年閱讀明
朝末年的一本奇書《帝京景物略》所得來的靈感。《帝京景物略》集合歷
史地理、文化、文學著作於一體，當時第一版書籍是明朝劉侗、於奕正撰
寫，周損編輯成書，最後請方逢年大學士作序。《帝京景物略》主要記述
明朝時北京地區的歲時風俗、山川園林、寺廟觀庵、亭臺樓閣、泉潭橋路
的書籍。這本書的特色針對北京的園林景觀、民俗文化，甚至外國宗教在
北京城的流傳等，詳細地記載了明代北京城的風景名勝及風俗民情，都有
相當歷史尺牘的考證，是不可多得的珍貴史料。第一版在崇禎八年（1635

---

[1] 1993 年自評，此詩大有倦意，而心有未甘自居淡泊，然未脫名功之氣。然蟄伏相因，
意氣困頓之象。自卜卦，莫非四大難卦。謂之：自足象非象。謂曰：缺憾還諸天地。

年）刻印刊行的時候，方逢年在《帝京景物略》寫了一段敘文，第一句話說出「燕不可無書，而難為書」，說明在沒有網路、沒有電腦、沒有電子書，以及沒有維基百科可以參考的 17 世紀時，以北京園林景觀、歲時節慶、民俗文化為題，寫成一本類似《節慶觀光與民俗》的書籍，相當不容易。

方逢年是筆者的十三代前直系先祖，是筆者最崇敬的歷史人物之一，他有一段故事可以說。但是他的故事淹沒在歷史的洪流之中，其驚心動魄的故事，遠超過時下教科書所介紹的知名歷史人物。

方逢年祖籍浙江省遂安縣，緊臨淳安縣，這個縣在 1958 年撤銷建置，與淳安合併。1959 年新安江建造水庫，遂安縣治和淳安縣治淹入水庫中，諸多文物古蹟被淹沒水底，包括筆者的祖墳。遂安古城始建於公元 208 年，到了明朝，這座古城也邁向了鼎盛時期。尤其以遂安縣治——獅城最大，面積有 40 多萬平方公尺，城牆修建於明朝正德年間，城內古蹟較多，有著規模龐大的牌坊群，牌坊用料考究，多為四柱、三門、三樓的磚石結構，尤其以方逢年發跡後的冢宰坊（宰相府）最為著名。

方逢年是明朝崇禎時的東閣大學士。明朝崇禎帝（1628-1644）用人多疑，在亡國前 16 年間，用了 50 個宰相。自明太祖因胡惟庸案廢掉了宰相名稱，但是後來到的明末都以東閣大學士為入閣輔政的宰輔名稱。

依據明史記載，方逢年在公元 1616 年（明萬曆四十四年）考上進士，同榜登科的還有後來當上刑部尚書的劉之鳳，他在 1624 年（明天啟四年）主持湖廣鄉試的程策，以易經的論點寫出「泰交策」，用語如椽，以「巨璫大蠹」諷刺宦官，翻成現在的用語，就是宦官都是「國家的蛀蟲」的意思，諷刺明朝宦官魏忠賢是國家大禍害。他勸諫皇帝不要因為可憐宦官的小忠小信，忘了他們的大奸大惡，而且說：「宇內豈無人焉，寧有薄視士大夫而覓皋、夔、稷、契於黃衣閹尹之流者哉」。方逢年的意思是：「天下都沒有人才了嗎？在位者都不用讀書人，還將這些太監宦官當作是堯舜時賢臣皋陶、夔、后稷和契這些人才在用」。這句話又犀利又幽默，但是宦官魏忠賢看到之後大怒，將方逢年貶官調外，還用大木板打屁股，打到差

一點死掉。御史徐復陽等人彈劾他，削籍為平民百姓。到了崇禎初恢復原官職，當過禮部侍郎、國子祭酒和經筵日講官，向崇禎講課，成為崇禎皇帝的老師。

1638 年（明崇禎 11 年），當時清軍由多爾袞率領越過長城攻打河北和山東，崇禎帝慌了，下詔廷臣推薦邊關的人才，方逢年推薦汪喬年等人，不久拔擢為禮部尚書，並且當了宰相，入閣拜相輔政。到了冬天，方逢年看到奏摺，他認為貪污犯被判死刑，家產沒收，抄家滅族，而且親戚受連帶處分，幾乎等同於「瓜蔓抄」的殘忍，於是向崇禎帝表示應該以仁德治天下，對於犯罪較輕的應該予以赦免，刑部尚書劉之鳳也抱著同樣的看法，認為亂世宜用緩刑以利天下。崇禎看了很不高興，還懷疑劉之鳳收犯人的賄賂，想要治他們於罪，刑部尚書劉之鳳下獄後餓死，方逢年想要救他不成，同時也失去了崇禎帝的信任，罷官回到浙江遂安的家鄉，宰相任期只有七個月。

1644 年李自成攻入北京，崇禎帝自縊，吳三桂引清兵入關，短短的一年之間，中原變色，當過崇禎帝老師兼宰相的方逢年自然是痛苦萬分。後來到了南明諸王，福王朱由崧（1644～1645）在南京自立時，召請方逢年官復原職，方逢年不願意去。1645 年南京城破。方逢年聽說魯王避難在浙江台州，擁戴魯王朱以海（1645～1653）在浙江紹興自立，稱魯王監國，魯王三次召請方逢年當宰相。1646 年紹興城被攻破，張煌言帶著魯王搭船逃出舟山群島，方逢年追趕不及，與方國安等假意投降清朝。之後方逢年用蠟丸裝好書信，請密使通知福建的唐王朱聿鍵（1645～1646），但是事情洩漏出去被清兵察覺而殺身成仁，後葬回遂安。總計在南明諸王（含威宗太子王之明）共自立十四人，除了後來自己除去魯王封號的朱以海，幾乎全部被清朝殺害，這些都是三百多年前國破家亡的陳年往事了。

故事還沒有說完，我原本對於這些故事還有所疑惑，因為中國正史是以漢人為觀點的「戰勝者」歷史，如果戰勝者是異族（元朝和清朝），通常對於元、清等所謂異族統治者和漢族反抗者之間的複雜關係，則交代

不清。愛妻伽穎在 2011 年腹中懷著大兒子，在夏天即將要臨盆的時候。有一天筆者夜裡作夢，夢境時筆者在看紅榜，榜單上寫著「張煌言」、「張煌直」的姓名。筆者醒來的時候，一直好奇，誰是「張煌言」？為何出現在我的夢境之中？在夢境中，筆者想像當時身為一個寒窗苦讀詩書的讀書人，一直默默無名，在「一朝魚躍登金榜」時，自然滿懷歡喜；但是到了「生死大關、悲欣交集」，則是充滿著五味雜陳的複雜感受。讀完歷史之後更想知道，1646 年張煌言帶著魯王渡海逃跑的時候，沒有接上方逢年，只能眼睜睜地看到明末宰相方逢年像是宋末宰相文天祥一樣地，在國家滅亡的時候逃跑不及，被敵軍抓到之後處死，心中的悲憤和愧疚，可想而知。張煌言忠貞不屈，在後來繼任南明最後宰相，繼續抗清 18 年之後， 1664 年同樣地被清朝逮捕處死。諷刺的是，張煌言在歷史上遭到同為抗清「盟友」的背叛，這位盟友為了保全實力，從北伐南京失敗後到了金門，後來遠渡臺灣，就是鼎鼎大名的民族英雄鄭成功。1662 年來臺的鄭成功將軍和 1949 年來臺的蔣中正總統，帶來臺灣的是漢人的民俗、節慶和輝煌的文治、武功。

方逢年和張煌言都在明朝國破之際殉國了，他們都是浙江人。在我的血液之中，依據遺傳學原理，還流著 0.01%（幾乎可以忽略的）方逢年的遺傳基因。

1988 年（22 歲）我寫了《讀古札記》，對於歷史教科書對於古人的品評，寫了一段古文抒發情感：「前以為文，屢議世史，早生帝朝，必禍獄文字，自無抑余，幻非以鬱。然身可繫也，而理不可廢也；冤可沉也，而道不可須臾離。」1989 年六四天安門事件時，我寫《火祭六月雪》：「一慟天地皆縞素，千悲乾坤同慘紅」。當時寫完後，沒有特別的感覺，直到 1994 年父親方薰之將軍從浙江探親歸來，我們兄弟編纂大伯公方本仁的家書，看到方本仁在民國初年縣長考試及格被官派到中國東北，寫出：「時值大雪未休，乾坤縞素」的句子，心中震動無比，在此之前，我從未看過大伯公的家書， 1989 年為何我寫出類似的句子。心中想到，身為方家子

孫，過去、現在、未來一定是有淵源的。

　　2006 年在臺北世界書局買《帝京景物略》的絕版書，因為我聽說是方逢年作的敘文，但是我很失望，連方逢年的名字都沒有。《帝京景物略》最初刊行時，原書前有方逢年寫的敘文。滿清入關後，翻刻的本子有刪改，清朝乾隆年間紀昀（紀曉嵐）將方逢年寫的敘拿掉，換成自己的敘，這也是紀曉嵐開創竄改前朝書籍的惡劣之風。改朝換代之後，《帝京景物略》一書，已經不是本來面目了。1979 年在臺灣世界書局印行的《帝京景物略》，則是紀曉嵐刪改的版本。2007 年中國書店委託金壇古籍印刷廠印刷的初刻本（崇禎八年版）是方逢年定稿的，筆者特別在 2008 年到北京去買這一套書，當作是傳家之寶。方逢年在敘中第一句話寫到：「燕不可無書，而難為書」。我看到如同連橫《臺灣通史序》「斷簡殘編，蒐羅匪易：郭公夏五，疑信相參，則徵文難」相仿的句子。

　　筆者依據《帝京景物略》的啟示，寫出《節慶觀光與民俗》。無疑的整本書的成書經過，要感謝國立臺灣師範大學及私立中華大學的學生們，對於這成書的貢獻。事實上，我們的社會需要更多的作者，像是明朝的劉侗、於奕正、周損等同窗益友，在蒐集完北京的景點軼事，又蒐集了南京的景點軼事。可惜的是，當劉侗等人想要寫出《南京景物略》這樣的書，但是始終沒有完成，連殘篇都沒有留下來，也許是金陵紙醉金迷，可惜國破家亡人佚。到了 21 世紀初，我們已經來到了網際網路的電子書世紀，許多文字已經突破了限制，讀者可以悠遊在網域之中讀書，這個世紀已經不再是方逢年所說的「難為書」的世紀，可以寫書出版的人也不再拘限為讀書人；但是，我們還是處在「不可無書」的世紀。

　　本跋代表筆者撰寫臺灣版《節慶觀光與民俗》時，與《帝京景物略》的結緣經過，並且抒發筆者 13 年前在哈佛大學設計學院唸書時，不愛讀教科書，鎮日躲在燕京圖書館，只愛鑽研歷史文化之後的一絲感想。本書歡迎行家斧正，讓這本臺灣版的《節慶觀光與民俗》，更能廣納百川，添增新意。

附錄一　觀光的古老故事

從宗教儀式演進為節慶儀式
「觀國之光」，原指春秋時代觀察其他國家的祭禮

「觀國之光」的「觀」意思是「看」，指的是聘請觀察。觀在甲骨文中有「見」、「觀」二字。

甲骨文中的觀，去掉見部，字形像是頭頂有羽毛，雙眼突出的貓頭鷹。「見」用作看見、渴見等義，「觀」義為觀看。

「古者包犧氏之王天下也，仰則觀象於天，俯則觀法於地」，在這裡「觀」就是「見」的意思。

甲骨文「光」一詞的字形從火從人，可見光的本義是火光。火是從天上而來。然而，觀光兩字的原形，字體都像是從古代的卜筮禮而來。尤其光的下部，是一個跪著頂火的人形，更象徵筮禮的儀式性。古代節慶儀式隨著用火、觀火，甚至以奴隸為犧牲品用以敬神的開始，都是有從宗教儀式演進為節慶儀式的意涵。隨著宗教儀式的推演，因而展開節慶、祭典或祀禮儀式，都和火光有關。

從《易經》觀國之光這一爻，原本春秋時代重在觀察其他國家的祭禮，也就是著重於觀察一國的人文狀況，也就是說從觀察他國的風俗民情，就可以了解到君王的德行。後來演變成有志者應該趁年輕時遊歷他國，觀察其他國家的民俗風土和典章制度，體認民間疾苦；並且宣揚國威，以進行兩國國際經驗的交流。這是中國古代對於「觀光」的見解。

《左傳》中有一個故事，闡釋了「觀國之光」的含意。春秋時代陳厲公是陳桓公同父異母的弟弟，陳厲公由蔡國的女子所生。當蔡國人殺了陳桓公的立下的太子，而立陳厲公為國君之後，後來生下敬仲。在敬仲少年

時，曾有周朝太史帶著《易經》來見陳厲公，陳厲公讓他以蓍草替敬仲占卜，後來占到了「風地觀」這個卦象，卻演變為「天地否」這個卦象，陳厲公看到否卦很不高興。

周朝太史表示說：「這代表敬仲將出使他國，也有利於敬仲將成為君王的座上賓客。他將會代替陳國而享有國家的榮耀。然而這種榮耀，不在本國，而是在其他國家；不在自己本身，而是在於榮耀子孫。這種光輝是由遠方照耀過來的。」

「我所占卜到的『坤』象徵土，『巽』象徵風，『乾』象徵天。在這裡風起於天，而行於地上，這就是山的意思（觀的互卦）。當一個人擁有山中的物產，又有來自於上天的光彩照射時，就非常適合居住於土地上。所以敬仲將出使其他國家，這將有利於他成為君王的座上賓。」

「庭中陳列了許多諸侯朝覲的禮品，也進貢墊了綢帛的美玉，天底下所有美好的事物都已經具備。所以說：『有利成為君王的座上賓。』而後面還有許多等著觀賞的禮品，所以說：『將昌盛在其後代』。」「風吹帶起沙土，將它落在遠方的土地上，所以說：『將昌盛在其他國家。』如果說是在其他國家，必定是姜姓的國家〈之前姜子牙被封於齊〉。姜姓，是太岳的後代，山岳高大足以和天相匹配，但所有事物不能同時併存，因此當陳國衰亡之時，敬仲的後代就要昌盛了吧！」

敬仲後來因為國家動亂，在陳厲公遇刺之後，經歷了許多變故，之後便投奔到了齊國，受到齊桓公的款待，當了齊桓公的「客卿」。但是，敬仲很謙虛地辭退：「我是走投無路，投奔到齊國，您讓我安頓，我已經非常知足了，怎麼敢高居『卿』位，讓人笑話呢！」齊桓公知道他不願意接受高位，便聘請他為「工正」，管理齊國的工匠，但是他自律甚嚴，管理起工匠也是一板一眼。

有一次，齊桓公到敬仲家裡喝酒，敬仲招待他一天，齊桓公準備喝到半夜。但是敬仲勸告他說：「我只準備白天陪您，但是並沒有想說陪您

到夜晚，恕我不能久留您！」

敬仲的嚴謹態度，讓春秋五霸之一的齊桓公也為之肅然起敬。

孔穎達在解釋「觀國之光」時，認為是敬仲親自沐浴在「他國君王美好的光輝」之下，同時和當年周朝太史說的一樣，敬仲將出使他國，也有利於敬仲成為齊桓公的貴賓，代表陳國而享有國家的榮耀。也因為如此，春秋時流亡齊國的敬仲，成為「觀國之光」的典範故事。

等到後來陳國第一次滅亡的時候，陳桓子（敬仲的第五代子孫）便在齊國崛起。後來陳國再次被楚國滅亡時，陳澄子（敬仲的第八代子孫）便取得了齊國的政權[1]。

「觀」、「光」從甲骨文、金文到小篆的演進表

甲骨文：字像頭頂有羽毛，雙眼突出的貓頭鷹。
金文和小篆：「見」是形符，「雚」是聲符。

甲骨文和金文：「光」的下部是一個跪著的人，頭上有一把火在照耀。有火光在人頭的上頭，人的前面就一片光明。
小篆：字的上部是「火」部，下面是「儿」部件，表示人的意思。

---

[1] 《左傳》莊公二十二年。

附錄二　臺灣12項大型地方節慶活動

　　臺灣 12 項大型地方節慶活動在 2001 至 2004 年辦得有聲有色。根據觀光局 12 項大型地方節慶活動調查資料，總參與人次年自 2001 年 1,095 萬人次上升至 2004 年 2,010 萬人次。在 2002 年交通部進行「民眾對交通部施政措施滿意度調查」報告顯示，有 63% 民眾對 12 節慶活動表示滿意。觀光收益每年自 2001 年 32 億元，上升至 2004 年的 54 億元。

　　舉辦大型地方節慶活動，不但對國內觀光事業大有助益，同時也可藉以傳承及宣揚我國民俗文化。上述觀光人口多數為內需產業，以我國強調節慶觀光國際化的趨勢來看，還有一段進步的空間。

　　根據 2004 年 1 至 10 月來臺旅客統計，共計來臺人數 2,403,109 人，比較 2003 年同期成長 36%。但是相較 2002 年負成長 1.38%。分析其原因包括：2004 年第一季及第二季受 SARS 零星個案，以及亞洲禽流感等因素影響，導致來臺旅客和 2002 年同期相較分別負成長 8.13% 及 1.49%，但是到了 2004 年第三季起則轉趨穩定成長，2004 年 10 月已較 2002 年 10 月成長 3.19%。這些 10 月來臺的旅客，以參加 10 月國家國慶日等慶典活動為主。

　　到了 2006 年，交通部觀光局選定 12 個節慶活動依舊為：1 月：墾丁風鈴季；2 月：臺灣慶元宵；3 月：高雄內門宋江陣；4 月：臺灣茶藝博覽會；5 月：三義木雕藝術節；6 月：臺灣慶端陽龍舟賽；7 月：宜蘭國際童玩藝術節；8 月：中華美食展；9 月：臺灣基隆中元祭；10 月：有兩項節慶，一是花蓮國際石雕藝術季，另一是鶯歌陶瓷嘉年華；11 月：一是澎湖風帆海鱺觀光節；12 月：臺東南島文化節。但是自 2007 年起，陸陸續續已經有些活動停止辦理。

　　根據交通部觀光局 2017 年臺灣觀光節慶賽會活動表統計，墾丁風

鈴季、澎湖風帆海鱺觀光節、新港國際青少年嘉年華已經停止辦理。臺灣茶藝博覽會易名為南投茶香嘉年華（2006 年）、南投茶香健康節（2007～2009 年）、南投世界茶葉博覽會（2012～2013 年）、南投世界茶業博覽會（2014～2017 年）。

附表 1　臺灣 12 項大型地方節慶一覽表 [1]

月份	名稱	說明
1 月	墾丁風鈴季	這是 12 項大型地方節慶計畫所新創的節慶活動，舉辦時間為 12 月底至 2 月中至春節後，在屏東墾丁地區各景點登場，以祈福、冥想、導引、裝飾、遊戲等意涵的風鈴為主題，企圖藉墾丁落山風的季節風創造別具特色之現代節慶，帶動墾丁的冬季觀光。
2 月	臺灣鬧元宵	臺灣慶元宵是配合元宵節也是觀光節的概念，整合平溪天燈、鹽水蜂炮、臺東炸寒單等極具特色的傳統元宵節活動，加上由交通部觀光局在舉辦的臺灣燈會，以及地方政府所辦的臺北燈節、桃園燈會等創新的現代燈會，構成臺灣到處都在這熱鬧慶祝元宵節景象，期望成為吸引國際觀光客文化觀光賣點。
3 月	高雄內門宋江陣	內門宋江陣之節慶活動是觀光局在篩選臺灣 12 項大型地方節慶時，發現高雄縣內門鄉所保有的宋江陣極為珍貴、具有地方特色，而被納為推廣之地方傳統民間活動，在觀光局及前高雄縣政府的努力贊助經營下，內門宋江陣已成為一項具觀光魅力之地方節慶。2007 年起並開始創意宋江陣的推廣，以比賽方式吸引大專院校組隊參加，企圖將傳統武術表演與現代街頭熱舞結合，創新宋江陣的節慶活動方式。

---

[1] 根據交通部觀光局 2005 年新聞稿，2001 年臺灣節慶參與總人次為 1,095 萬（人次），觀光收益 32 億元（單位：新臺幣）；2004 年臺灣節慶參與總人次為 2,010 萬（人次），觀光收益 54 億元（單位：新臺幣）。

月份	名稱	說明
4 月	臺灣茶藝博覽會	此項節慶是為利用臺灣特產—茶葉行銷觀光的產業型節慶活動，2002 年首次在南投縣鹿谷鄉等茶鄉舉辦之後，即在臺灣各產茶之地區巡迴辦理，但目前已發展成各產茶地區因應本地之推廣需要，而各自規劃辦理甚至成為商品展覽會型態的活動，例如由臺灣茶文化學會主辦之 2008、 2009 年臺灣國際茶業博覽會等，及南投茶香嘉年華（2006 年）、南投茶香健康節（2007～2009 年）、 2009 坪林包種茶節、 2015 年南投世界茶業博覽會等。
5 月	三義木雕藝術節	三義木雕藝術節早在 1990 年代即已開始，2002 年納入 12 項大型地方節慶之後，擴大發展成極具地方產業特色的節慶活動，甚至發展成國際性的木雕藝術文化節慶活動，透過國內外木雕藝術家的參展、交流、競賽，拓展大家對木雕藝術的認識，及木雕藝術家的視野，進而發揮自我原創性，每年皆吸引極多的遊客，來三義參觀旅遊。
6 月	臺灣慶端陽龍舟賽	龍舟賽是臺灣各地在端午節時經常舉辦之傳統節慶活動，包括有 200 多年歷史的宜蘭縣礁溪鄉二龍村龍舟賽、臺北國際龍舟賽、鹿港龍舟賽等均即有特色及歷史，納入 12 項大型地方節慶是為了進一步將之推展成能吸引國外觀光客前來觀賞參與這項在臺灣一直保存延續之中國傳統節慶活動，但由於舉辦地點分散，有失焦的缺點。
7 月	宜蘭國際童玩藝術節	宜蘭國際童玩節是宜蘭縣政府於 1996 年開始於每年夏季舉辦的重要觀光活動，由於活動創意及行銷手法新穎，每年均吸引數十萬人參與。該活動是聯合國教科文組織認定之 A 級團體「國際民俗藝術節協

月份	名稱	說明
		會」邀請認證的藝術節活動。也是臺灣第一個公辦收費活動自給自足的新興節慶活動。但後來因入園人數漸減，縣府不堪虧損，而於 2007 年停辦此活動，到了 2008 年始復辦。
8 月	中華美食展	中華美食展是交通部觀光局於 1990 年觀光節時，為推廣中華美食的觀光魅力，首次規劃舉辦的展覽型觀光活動，籌辦單位為臺灣觀光協會。創立之宗旨係為中華美食各菜系建立一個共同舞臺，促進廚藝之交流，培育中華美食廚藝人才，提昇廚藝人員地位。中華美食展每年皆吸引十萬人次以上的參觀人潮，2007 年之後，此項展覽活動更名為臺灣美食展。
9 月	臺灣基隆中元祭	中元普渡是臺灣的傳統習俗，基隆中元祭活動則緣起於咸豐元年（公元 1851 年），是目前臺灣最熱鬧的中元節慶之一。祭典活動自農曆 7 月 1 日老大公廟開龕門開始，延續一整個月，包括普渡、遊行放水燈等，是極具地方民俗特色的傳統節慶，納入 12 項大型地方節慶乃企圖將它推展成有臺灣地方特色的觀光節慶。
10 月	花蓮國際石雕藝術季及鶯歌陶瓷嘉年華。	花蓮國際石雕藝術季源起於 1997 舉辦之「花蓮的石頭在唱歌」活動，納入 12 項大型地方節慶之後，經過十餘年之發展已成為花蓮縣二年一度以及石雕藝術為主軸之藝文盛事。鶯歌陶瓷嘉年華是一個結合地方產業、文化藝術與觀光休閒三個層面的新興節慶活動，兩項活動被納為同時在 10 月間舉辦之地方節慶，目的是希望此兩項活動能成為具地方特色之國際性觀光節慶。

月份	名稱	說明
11 月	澎湖風帆海鱺觀光節、新港國際青少年嘉年華	澎湖風帆海鱺觀光節乃是配合 12 項大型地方節慶計畫，由交通部觀光局輔導縣政府發展之新興節慶活動，旨在推廣澎湖養殖之海鱺及帆船活動。新港國際青少年嘉年華，則是後來加入的歡樂型活動。前者舉辦至 2005 年後停辦，改由海上花火節替代，後者則因缺少資源，而無疾而終。
12 月	臺東南島文化節	臺東南島文化節首辦於 1999 年，由於是整合臺灣原住民節慶活動於一體，並結合南島文化的節慶活動，而獲入選為 12 項大型地方節慶。本項活動企圖將臺灣是南島語族的發源地，以史前文化博物館為主體，將臺東發展成世界上研究及展現南島語族文化的重鎮。目前臺東南島文化節在 2017 年停辦。

附錄三　臺灣地方觀光節慶簡表（2006～2017）

1～3 月臺灣地方觀光節慶簡表

編號	活動名稱	活動內容	2006	2007	2008	2009	2010	2011	2012	2013	2014	2015	2016	2017	備註
1	高雄過好年	自 2000 年於高雄市三鳳中街草創高雄過好年活動。本活動配合農曆年搭配特色商店街模式辦理。	○	○	○	○	○	○	○	○	○	○	○	○	
2	基隆善節炮獅活動	炮獅活動發展於公元 1950 年代善節開工舞獅討紅包的習俗。該活動以基隆市獨特的地方民俗文化獅陣踩街進行，強調驅逐回運及納財所福。	○	○	○	○	○	○	○	○	○	○	○	○	

編號	活動名稱	活動內容	2006	2007	2008	2009	2010	2011	2012	2013	2014	2015	2016	2017	備註
3	平溪天燈節	平溪天燈緣起於早期山區治安不佳，當地村民利用天燈通知躲到外處或山中避難的親友，村內盜匪已走的消息。之後該地區居民在元宵節施放天燈，祈求平安。		○	○	○	○	○	○	○	○	○	○	○	
4	鹽水蜂炮	鹽水蜂炮傳源起於公元1885年（清光緒11年），因鹽水鎮上居民罹患瘟疫，基於民間習俗，當地耆宿向周倉聖帝君祈求平安，並依占卜結果，在元宵節燃放炮竹，	○	○	○	○			○	○	○	○	○	○	

編號	活動名稱	活動內容	2006	2007	2008	2009	2010	2011	2012	2013	2014	2015	2016	2017	備註
		沿街繞鎮，後來逐演變為傳統習俗。所謂蜂炮是指沖天炮組成的大型炮臺，點燃後萬炮齊發，似蜂群傾巢而出而聞名。													
5	臺灣燈會	交通部觀光局為慶祝元宵節，自1990年起結合地方政府及民間團體辦理之大型燈會活動。該燈會以「臺灣燈會」為名，早期皆在臺北市舉行，但自2001年起改在臺灣各地巡迴辦理。	○	○	○	○	○	○	○	○	○	○	○	○	2006臺南市、2007嘉義縣、2008臺南縣、2009宜蘭縣、2010嘉義市、2011苗栗縣、2012彰化縣、2013新竹縣、2014

編號	活動名稱	活動內容	2006	2007	2008	2009	2010	2011	2012	2013	2014	2015	2016	2017	備註
6	臺北燈會	原在臺北市中正紀念堂舉辦的燈會自2001年起，改在臺灣各地巡迴舉辦；而臺北市則由臺北市政府每年繼續辦理燈會。	○	○	○	○		○	○	○	○	○	○	○	南投縣、2015臺中市、2016桃園市、2017雲林縣、2018嘉義縣。
7	高雄燈會	2001年及2002年臺灣燈會在高雄愛河畔以鰲龍及馬為主題舉行。後在2003年由高雄市政府繼續辦理燈會，並更名為高雄燈會。	○	○	○	○		○	○	○	○	○	○	○	2009-2017高雄會藝術燈節。

編號	活動名稱	活動內容	2006	2007	2008	2009	2010	2011	2012	2013	2014	2015	2016	2017	備註
8	桃園燈會	2003年開始在中壢辦理的地方型燈會活動。	○	○	○	○	○	○	○	○	○	○	○	○	
9	苗栗𤉸龍	苗栗𤉸龍為當地客家人的傳統元宵節活動，該活動採用鞭炮、蜂炮炮炸舞龍的方式，藉以去邪、除舊及迎春及接福。	○	○	○	○	○	○	○	○	○	○	○	○	2007九五至尊慶元宵，苗栗𤉸龍樂逍遙。
10	臺中燈會	2003年臺灣燈會在臺中市舉行，以吉羊開泰為活動主題。後來陸續辦理形成地方型燈會。	○	○		○	○	○	○	○	○	○	○	○	2009～2017中臺灣元宵燈會。

編號	活動名稱	活動內容	2006	2007	2008	2009	2010	2011	2012	2013	2014	2015	2016	2017	備註
11	臺東元宵民俗炸寒單嘉年華會	「寒單爺」通「邯鄲爺」。臺東玄武堂寒單爺有三種歷史來源，一為曰精、二為春秋魯國終南山人氏趙公明、三為流氓神等眾說紛紜的神蹟。臺東每年元宵節要請寒單爺出巡祈福，讓民眾炮炸參拜，以防瘟疫、洪水等災禍。	○	○	○	○	○	○	○	○	○	○	○	○	2006 畺旺迎寒單旺來。2007 金豬獻福炸寒單。2008 金鼠賀歲炸寒單。2009 NEW 來福炸寒單。2010 福虎生財炸寒單。2011 玉兔迎春炸寒單。2012 龍騰燈耀嘉年華炸寒單。2015 神采飛羊炸寒單。2016 祥猴獻瑞炸寒單。2017 金雞報喜炸寒單。

編號	活動名稱	活動內容	2006	2007	2008	2009	2010	2011	2012	2013	2014	2015	2016	2017	備註
12	澎湖元宵萬龜祈福	元宵乞龜是澎湖特有的民俗活動，村民以糯米、米粉、麵線、白米、花生等材料製成的「麵龜」供在廟中，讓村民以擲筊的方式乞龜，並帶回家供奉，以祈求平安順遂。隔年元宵前，要還更大的麵龜，供其他人乞求。至今麵龜重量已達萬斤，並越來越多。	○	⊘	○	○	○	○	○	○	○	○	○	○	元宵節澎湖「萬龜祈福」宗教民俗活動。
13	臺中大甲媽祖國際觀光文化節	大甲鎮瀾宮建於公元1730年（清雍正8年），媽祖起駕遶境進香，引	○	○	○			⊙	○	○	○	○	○	○	

編號	活動名稱	活動內容	2006	2007	2008	2009	2010	2011	2012	2013	2014	2015	2016	2017	備註
		領信眾前往嘉義新港奉天宮進行 8 天 7 夜繞境進香的活動，繞境的地區包括中部沿海 4 個縣，15 個鄉鎮，60 多座朝宇，全程約 300 公里。													
14	高雄內門宋江陣	宋江陣有六種可能的歷史淵源傳說，一為《水滸傳》宋江發明末鄭成功的兵陣；五為福建漳泉地區的民團；六為清末臺南府城的義民旗陣。每年農曆二月觀音佛祖誕辰，高雄縣內門	○	○	×	×	×	×	×	○	○	○	○	○	

編號	活動名稱	活動內容	2006	2007	2008	2009	2010	2011	2012	2013	2014	2015	2016	2017	備註
		鄉全鄉動員練陣，原有108人大陣，現以36天定陣最為普遍。													
15	臺灣花卉博覽會	臺灣花卉博覽會是農委會補助彰化縣政府在2004年舉辦的大型花卉博覽會。會場面積21公頃，位於彰化縣溪州鄉臺糖農場，現為費茲洛公園舉辦。	○	○	○	○	○		○	○	○	○	○	○	2006世界卡通博覽會。2007花的故鄉嘉年華會。2015花在彰化。2016花在彰化溪州花卉博覽會。
16	烏來溫泉櫻花季	烏來係泰雅語中Ulai，原義為熱和危險的意思，後來引申為溫泉。2001年起在觀光局輔導	○	○	○	○	○	○	○	○	○	○	○	○	

編號	活動名稱	活動內容	2006	2007	2008	2009	2010	2011	2012	2013	2014	2015	2016	2017	備註
		下，70餘家溫泉業者每年舉辦的地方型溫泉旅遊活動。													
17	竹子湖海芋季	海芋原產南非，白花海芋在1966年自日本引進臺灣栽種。臺北市政府產業發展局（原建設局）自1998年起輔導北投區農會宣導竹子湖海芋，2003年開始舉辦竹子湖海芋季活動。	○	○	○	○	○	○	○	○	○	○	○	○	
18	日月潭九族櫻花祭	九族文化村位於南投，擁有2000株的櫻花，在觀光局	○	○	○	○	○	○	○		○		○	○	

編號	活動名稱	活動內容	2006	2007	2008	2009	2010	2011	2012	2013	2014	2015	2016	2017	備註
		日月潭國家風景區管理處和日月潭觀光發展協會的協助下，2000年起舉辦九族櫻花祭活動，係國內首次引用「櫻花祭」的名詞。	○	○	○	○	○	○	○	○	○	○	○	○	
19	宜蘭綠色博覽會	宜蘭綠色博覽會在2000年起於宜蘭縣立運動公園舉辦，後來在武荖坑風景區舉辦，活動以生態教育、農業生產、環境保護及綠色休閒產業等議題為主。													

編號	活動名稱	活動內容	2006	2007	2008	2009	2010	2011	2012	2013	2014	2015	2016	2017	備註
20	臺南世界糖果文化節	臺南縣文化局在2005年至2007年於臺南蕭壟文化園區（舊佳里糖廠）舉辦世界糖果文化節，設置為糖果劇場館、巧克力館等12個主題館。	○	○	○	×	×	×	×	○	×	×	○	○	
21	高雄山城花語溫泉季活動	由觀光局茂林國家風景區管理處和高雄縣政府在2003年起於六龜地區合辦的地方型溫泉旅遊活動。	○	○	○	○	○	○	○	○	○	○	○	○	
22	墾丁風鈴季	恆春半島因冬季落山風盛行。2002年起由觀光局輔導辦理墾丁風鈴季，	○	○	○	○	○	○	○	○	×	×	○	○	

編號	活動名稱	活動內容	2006	2007	2008	2009	2010	2011	2012	2013	2014	2015	2016	2017	備註
		以自然風力結合當地風鈴清脆響聲形成觀光特色。													

4~6月臺灣地方觀光節慶簡表

編號	活動名稱	活動內容	2006	2007	2008	2009	2010	2011	2012	2013	2014	2015	2016	2017	備註
1	客家桐花祭	行政院客家委員會於 2002 年試辦，至 2003 年正式展開的北臺灣的區域活動。以當季盛開的桐花林為景觀特徵，並舉辦觀光旅遊及客家民俗活動。		○	○	○	○	○	○	○	○	○	○	○	活動涵蓋臺北、桃園、新竹、苗栗、臺中、彰化、南投等縣市。
2	龍舟錦標賽	龍舟係農曆五月初五端午節傳統民俗活動，當天以吃粽	○	○	○	○	○	○	○	○	○	○	○	○	

編號	活動名稱	活動內容	2006	2007	2008	2009	2010	2011	2012	2013	2014	2015	2016	2017	備註
		子、插菖蒲、飲雄黃酒、掛香袋、鬥百草及划龍舟來驅邪避凶。划龍舟相傳源於戰國搶救愛國詩人屈原的行動，至今演變成民俗運動。													
3	臺北市傳統藝術季	由臺北市政府在1985年開始每年舉辦的三月到五月傳統的大型傳統藝術表演活動。首演包括明華園《同公法鬥桃花女》等曲目。	○	○	○	○	○	○	○	○	○	○	○	○	
4	媽祖遶境祈福活動	九份地區1940年代九份地區瘟疫病流行，於是居民請來關渡宮媽祖	○	○	○	○	○	○	○	○	○	○	○	○	

編號	活動名稱	活動內容	2006	2007	2008	2009	2010	2011	2012	2013	2014	2015	2016	2017	備註
		祖遶境以平息災禍。之後每年農曆4月1日都會「刈香」，請關渡媽祖前來遶境祈福。													
5	鯤鯓王－出巡澎湖	臺南北門鄉南鯤鯓代天府建於公元1662年（清康熙元年），係臺灣五府千歲的開臺首廟，主供的五府千歲被尊稱為「南鯤鯓王」。自1683年（清康熙22年）五府千歲「南巡北狩，代天理陰陽」不定期出巡臺澎各地。2008年（戊子年）再次出巡澎湖。	×	×	○	×	×	×	×	×	×	×	×	×	

編號	活動名稱	活動內容	2006	2007	2008	2009	2010	2011	2012	2013	2014	2015	2016	2017	備註
6	媽祖文化節	連江縣政府每年舉辦媽祖文化節，透過國人對媽祖的景仰，搭配舉行大型的祭祀大典和閩劇等活動。	○	○	○	○	○	○	○	○	○	×	○	○	2017媽祖昇天祭暨媽祖文化美食節
7	浯島迎城隍觀光祭	金門舊稱浯島，浯島迎城隍觀光祭係在農曆4月12日為迎接城隍出巡舉辦的民俗慶典。活動包括城隍遶境巡安城隍四里等。	○	○	○	○	○	○	○	○	○	○	○	○	2017金門迎城隍浯島宗教文化觀光季。
8	中和潑水節活動	緣起於泰緬新年（Song-koran，每年4月12日至14日），因中和市南勢角華新街是泰緬緬	○	○	○	○	○	○	○	○	○	○	○	○	

編號	活動名稱	活動內容	2006	2007	2008	2009	2010	2011	2012	2013	2014	2015	2016	2017	備註
		居民聚集地，在新年群聚潑水以洗淨不利，相傳緣於古印度教潑灑紅色水的信仰。													
9	國際陶瓷藝術節	鶯歌陶瓷陶源於1804年（清嘉慶9年），福建人吳鞍渡渡海來臺在鶯歌落腳製陶，後演變成傳統陶。地方產業。2000年鶯歌陶瓷主題博物館成立，每年舉辦陶瓷嘉年華活動，活動包括名陶藝家示範、民眾製陶及陶藝品販售等。	○	○	○	○	○	○	○	○	○	×	×	○	2006、2007鶯歌國際陶瓷嘉年華活動，2008年改名國際陶瓷藝術節，2012年改為新北市國際陶瓷藝術節。

編號	活動名稱	活動內容	2006	2007	2008	2009	2010	2011	2012	2013	2014	2015	2016	2017	備註
10	南投花卉嘉年華	南投縣政府於2004年起在中興新村等地舉辦的花卉嘉年華活動。嘉年華會、結合原住民祭典、寺廟建醮等活動。	○	○		○					○	○	○	○	
11	南投茶香健康節	緣起於2002年在南投鹿谷、竹山及名間茶區舉辦第一屆臺灣茶藝博覽會，活動以品茗、茶藝、炒茶、茶詩、茶畫等活動為主，後來又更名為世界茶業博覽會。	○	○		○	○	○		○	○	○	○	○	2010～2012年再度更名為南投世界茶業博覽會。
12	臺灣西瓜節	2005年、2006年臺南市政府在臺南市辦理，2007年	○	○		○					○	○	○	○	

編號	活動名稱	活動內容	2006	2007	2008	2009	2010	2011	2012	2013	2014	2015	2016	2017	備註
		起由臺南縣政府和臺南區農改場合辦，活動包括西瓜果雕、西瓜料理及臺灣西瓜王選拔。													
13	白河蓮花節	白河蓮花節源於1995年。每年活動包括蓮子美食、荷染、賞荷、荷花固膜保養品和蓮子健康飲品行銷為主。	○	○	○	○	○	○	○	○	○	○	○	○	
14	屏東黑鮪魚文化觀光季	屏東東港為南臺灣第一大漁港，以捕撈黑鮪魚集散地聞名。屏東縣政府在2001年開始舉辦黑鮪魚文化觀光	○	○	○	○	○	○	○	○	○	○	○	○	

編號	活動名稱	活動內容	2006	2007	2008	2009	2010	2011	2012	2013	2014	2015	2016	2017	備註
		季，推廣黑鮪魚、櫻花蝦、油魚子等產品銷售，大幅度帶動產銷活動。													
15	澎湖國際海上花火節	澎湖縣政府自2003年起在觀音亭舉辦的海上花火節活動，活動以花火秀、歌劇、歌舞、特產展售為主。	○	○	○	○	○	○	○	○	○	○	○	○	2012年澎湖海上花火節。

7～9月臺灣地方觀光節慶簡表

編號	活動名稱	活動內容	2006	2007	2008	2009	2010	2011	2012	2013	2014	2015	2016	2017	備註
1	基隆市雞籠中元祭活動	基隆中元祭緣起於1851年（清咸豐元年），係為調平漳泉械鬥之風，以賽會陣頭代替械	○	○	○	○	○	○	○	○	○	○	○	○	2012 壬辰雞籠中元祭。

編號	活動名稱	活動內容	2006	2007	2008	2009	2010	2011	2012	2013	2014	2015	2016	2017	備註
		鬥，活動包括賽會及祭典，祭典包括農曆7月1日老大公廟開鬼門、12日主普壇點燈、13日迎斗燈繞境、14日放水燈、跳鍾馗，8月1日關鬼門等民俗活動。													
2	頭城搶孤	頭城搶孤是中元普渡的祭典活動之一，儀式安排在農曆7月最後一夜舉行。搶孤緣起於早年漢人為紀念死亡孤魂，舉辦普渡以饗祭之。活動以勇漢攀爬孤棧搶奪等	○	○	○	○	○	○	○	○	×	○	○	○	

編號	活動名稱	活動內容	2006	2007	2008	2009	2010	2011	2012	2013	2014	2015	2016	2017	備註
		供品，並布施給參加的善男信女。													
3	恆春搶孤	屏東縣恆春鎮自1950年起恢復舉辦之搶孤活動，緣起於清季。目前由縣政府暨立孤棚供參賽隊伍搶奪獎品，係融入社區參與之民俗競賽活動，宗教意味較淡。	○	○	○	○	○	○	○	○	○	○	○	○	
4	臺北客家義民祭	1988年旅居臺北的客家鄉親為緬懷客家傳統，在臺北市舉行之客家義民祭，後自2000年起由市政府接辦。活動包括迎神遶境、傳統表演及美食等活動。	○	○	○	○	○	○	○	○	○	○	○	○	2009年之後改為臺北客家義民嘉年華。

編號	活動名稱	活動內容	2006	2007	2008	2009	2010	2011	2012	2013	2014	2015	2016	2017	備註
5	高雄戲獅甲藝術節	獅甲位於前鎮區，清代名為大竹里戲獅甲莊，早期因防禦海賊，以畜養為獅頭消遣，並以宋江陣禦敵。2006年開始由文建會補助高雄市政府文化局辦理，活動有戲獅比賽、高椿獅陣、擂鼓陣等。	○	○	○	○	○	○	○						2009 戲獅甲藝術季。
6	新竹縣義民文化節	由行政院客家委員會補助新竹縣政府辦理的客家節慶活動，包括黑令旗令出巡、糊紙藝術、萬人挑擔活動等。	○	○	○	○	○	○	○	○	○	○	○	○	

編號	活動名稱	活動內容	2006	2007	2008	2009	2010	2011	2012	2013	2014	2015	2016	2017	備註
7	彰化縣媽祖遶境祈福	彰化縣政府主辦的縣內 12 座媽祖宮遶境祈福活動，活動包括起駕驚典、遶境、表演、擲杯祈福、全民政炮及產業特色展等。	×	×	○	○	○	○	○	○	○	○	○	○	
8	原住民聯合豐年祭	豐年祭起源於原住民族祖先信仰和神靈崇拜，最初由部落自行辦理。現為各縣市政府以聯合名義辦理的豐年祭活動，儀式包括除草祭、拔摘祭及傳統的歌舞活動。	○	○	○	○	○	○	○	○	○	○	○	○	

編號	活動名稱	活動內容	2006	2007	2008	2009	2010	2011	2012	2013	2014	2015	2016	2017	備註
9	南島族群婚禮	觀光局茂林國家風景區管理處及原住民族文化園區在2005年起舉辦的原住民集團結婚，活動包括捐婚、盪鞦韆、取火祈福儀式。	○	○	○	○	○	○	○	○	○	○	○	○	2008年、2009年南島族群婚禮系列活動（11月舉行）。
10	臺東南島文化節	自2001年起由臺東縣政府依據本土及環太平洋各部落舉行的節慶方式而辦理的文化體驗活動。活動內容包括團隊演出、原住民風俗體驗及產業展售等。	○	○	○	○	○	○	○	×	○	×	○	×	2008年改為10月舉辦；2009臺東南島文化節十週年系列活動。

編號	活動名稱	活動內容	2006	2007	2008	2009	2010	2011	2012	2013	2014	2015	2016	2017	備註
11	貢寮國際海洋音樂祭	係由2000年開始，在臺北縣貢寮鄉境內的福隆海水浴場擴辦的大型戶外音樂活動。英文名稱Ho-hai-yan（取海洋）係阿美族語及漢語的雙關語，活動包括表演、影展、銷售會等。	○	○	○	○	○	○	○	○	○	×	○	○	2012新北市貢寮國際海洋音樂祭。
12	石門國際風箏節	2000年開始在臺北縣石門鄉舉行的運動休閒活動，內容包括風箏PK賽、風箏高空攝影和石門風箏嘉年華等活動。	○	○	○	○	○	○	○	○	○	○	○		

編號	活動名稱	活動內容	2006	2007	2008	2009	2010	2011	2012	2013	2014	2015	2016	2017	備註
13	三峽藍染節	藍染源於清末三角湧（三峽）染布業，三峽藍染節以傳承三峽在地的藍染文化產業，活動包括服裝表演、藍染操作等。	○		○	○	○	○	○	○	○	○	○	○	2012 新北市藍染節。
14	八里竹石藝術節	2007 年至 2009 年以八里當地特有產業，竹與石雕融合藝術文化的展售及表演活動。	×	○	○	○	×	×	×	×	×	×	×	×	
15	桃園花海嘉年華	桃園縣政府於 2005 年及 2006 年在中壢市及大園鄉舉辦的生態休閒產業活動。	○	×	×	×	×	×	×	×	×	×	○	○	

編號	活動名稱	活動內容	2006	2007	2008	2009	2010	2011	2012	2013	2014	2015	2016	2017	備註
16	新竹米粉摃丸節	新竹市政府以米粉摃丸主題辦理的產業環境營造計畫，活動包括米粉摃丸產銷美食展、創意競賽、展演等活動。	○	○	○	○	○	○	○	○	○	○	○	○	
17	桃園石門	桃園縣政府於2004年起舉辦的食材文化嘉年華活動，活動包括魚苗放養、活魚私房料理、美食展銷等。	○	○	○	○	○	○	△	×	○	×	○	○	2016～2017桃園名門熱氣球嘉年華。2017活魚節。
18	苗栗海洋觀光季	苗栗縣政府於2002年起在後龍外埔漁港舉辦的展演活動。	◉	○	○	○	○	○	○	○	○	◉	○	○	

編號	活動名稱	活動內容	2006	2007	2008	2009	2010	2011	2012	2013	2014	2015	2016	2017	備註
19	宜蘭國際童玩藝術節	1996年起宜蘭縣政府參考法國亞維儂藝術節辦理的活動，該活動係國際民俗藝術節協會在亞洲唯一認證的藝術節活動。活動內容多元，以演出、展覽、遊戲、交流和四大軸線，設計和年度主題相關的活動，堪稱我國首屈一指的地方節慶。2007年8月7日，因不堪虧損，宜蘭縣決定停辦本活動，次年因觀眾要求而復辦。	○	○	○	×	○	○	○	○	○	○	○	○	

編號	活動名稱	活動內容	2006	2007	2008	2009	2010	2011	2012	2013	2014	2015	2016	2017	備註
20	宜蘭國際蘭雨節	自2008年起推動武荖坑風景區、冬山河親水公園及頭城港澳海濱三個場域觀光鏈結性而舉辦的海洋、內陸及山區遊憩體驗活動。		×	○	○	×	×	×	×	×	×	×	×	
21	三義國際木雕藝術節	自1990年舉辦的地方節慶活動，活動包括木雕展、木雕市集、木雕接力秀、客家生活文化等系列活動。	○	○	○	○	○	○	○	○	○	○	○	○	2012三義國際木雕藝術節。
22	嘉義東石海之夏祭	嘉義縣府自2007年起在東石漁人碼頭舉辦的地方活動，內容包括演唱	×	○	○	○	○	○	○	○	○	○	○	○	2016～2017東石漁人碼頭海之夏祭。

編號	活動名稱	活動內容	2006	2007	2008	2009	2010	2011	2012	2013	2014	2015	2016	2017	備註
		會、體育休閒及展特產展等項目。													
23	兩馬觀光季系列活動	臺中縣政府於2003年至2010年以后里馬場（駿馬）及東豐自行車綠廊（鐵馬）為意象舉辦的景觀觀光及騎乘自行車為主的活動。2014年縣市合併後，改由臺中市政府舉辦。	○	○	○	○	○	×	×	○	○	○	×	×	
24	王功漁火節	2005年起舉辦的王功漁火節活動，內容包括休閒漁業之體驗（捕魚、劉蚵、捉蝦、嚐鰻）及海洋音樂季欣賞。	○	○	○	○	○	○	○	○	○	○	○	○	

編號	活動名稱	活動內容	2006	2007	2008	2009	2010	2011	2012	2013	2014	2015	2016	2017	備註
25	日月潭嘉年華	觀光局自 2000 年開始，配合全臺觀光季舉辦的日月潭大型嘉年華活動。近年來規劃古典音樂、鼓樂及舞樂，強調環境特色與地方產業。	○	○	○	○				○	○		○	○	2008 秋樂·鼓舞日月潭。
26	臺灣咖啡節	雲林縣政府自 2003 年起在古坑、華山等地舉辦地方特色產業活動，內容以咖啡文物展、美食展、咖啡豆評鑑、咖啡尋賣、咖啡樂活市集等活動為主。	○	○	○	○	○	○	△	○	○	○	○	○	2007 年改為 10 月底舉行。

編號	活動名稱	活動內容	2006	2007	2008	2009	2010	2011	2012	2013	2014	2015	2016	2017	備註
27	白河蓮花節	自1995年開始舉辦以蓮花為主軸，展現白河鎮地方特色風貌的節慶活動。活動內容包括飲食產業、休閒路跑、遊程設計、活動行銷等。	○	○	○	○		○	○	○	○	○	○	○	
28	府城七夕國際藝術節	由臺南市政府舉辦的府城七夕國際藝術節，內容涵蓋文化特質、多元藝術，及城市運動項目。活動範圍包括古蹟景點、百貨公司、大賣場、廟宇及邀請國際團隊前來表演。	○	○	○	○		○	○	○	○	○	○	○	2010府城七夕16歲藝術節。2016年改稱為臺南七夕愛情嘉年華。

編號	活動名稱	活動內容	2006	2007	2008	2009	2010	2011	2012	2013	2014	2015	2016	2017	備註
29	菊島海鮮節	澎湖縣政府舉辦澎湖菊島海鮮節,內容包括美食品嚐、休閒漁業體驗、聚落參訪、巡滬踏浪,以及浮潛抱墩等活動。	○	○	○	○	○	○	×	×	×	×	×	×	
30	望安酸瓜海鮮節	澎湖縣望安鄉公所主辦的美食活動。	×	○	○	×	×	×	×	×	×	×	×	×	
31	南投火車好多節	集集線鐵路沿線鄉鎮結合鐵道文化和地方特色的活動。	○	○	○	○	○	○	○	○	○	○	○	○	

10～12月臺灣地方觀光節慶簡表

編號	活動名稱	活動內容	2006	2007	2008	2009	2010	2011	2012	2013	2014	2015	2016	2017	備註
1	泰山獅王文化節	臺北縣泰山鄉公所於 2007 年舉辦以花獅民間藝術及創意為題材的活動。	×	○	○	○	○	○	○	○	○	○	○	○	

編號	活動名稱	活動內容	2006	2007	2008	2009	2010	2011	2012	2013	2014	2015	2016	2017	備註
2	大佛亮起來點亮半線城	彰化縣政府以彰化市區及風景區舉辦的觀光活動，內容包括大佛雷射燈光秀、城市光雕秀等。	○	×	×	×	×	×	×	×	×	×	×	×	
3	鯤鯓王平安鹽祭—雲嘉南觀光系列活動	觀光局雲嘉南風景區管理處為推動轄區內景點，以民俗表演、鹽文化采風、生態體驗及鹽袋祈福的方式進行旅遊宣導。	○	○	○	○	○	○	○	○	○	○	○	○	
4	高雄左營萬年季	左營在明鄭時期一稱「萬年」。左營萬年季原為左營慈濟宮迎火獅活動演變的地方慶典活	○	○	○	○	○	○	○	○	×	○	○	○	

編號	活動名稱	活動內容	2006	2007	2008	2009	2010	2011	2012	2013	2014	2015	2016	2017	備註
		動，2001年高雄市政府以蓮池潭為主軸推動獅陣、藝陣、畫舫煙火秀、水舞表演的民俗活動。													
5	愛河布袋戲季	包含地方色彩的展演、布袋戲歌謠演唱活動。	○	○	○	○	○	○	△	×	×	×	×	×	2012 愛河布袋戲祭。
6	媽祖在馬祖昇天祭	連江縣辦理之媽祖昇天祭祭祀大典，近年來已有海峽兩岸合流辦理的趨向。	×	○	○	○	○	○	○	○	×	○	○	○	2012 馬祖秋慶。
7	阿里山鄒族生命豆季	鄒族原住民部落傳統婚禮儀式。	○	○	○	○	○	○	△	○	○	○	○	○	

編號	活動名稱	活動內容	2006	2007	2008	2009	2010	2011	2012	2013	2014	2015	2016	2017	備註
8	臺灣溫泉美食嘉年華	交通部觀光局自2007年起結合溫泉「溫泉」及「美食」兩大觀光資源，整合規劃「臺灣溫泉美食嘉年華」活動，以地方提升觀光發展。	×	○	○	○	○	○	○	○	○	○	○	○	
9	大湖草莓文化季	苗栗大湖草莓文化季活動在推動地方產業，活動內容包括草莓代言情侶選拔、草莓街舞PK賽、草莓賣賣才藝秀等。	○	○	○	○	○	○	△	○	○	○	○	○	2007-2008苗栗草莓溫泉季。
10	新社花海節	新社花海節活動推動遊程規劃、新社民宿、新社旅遊景	○	○		○				○	○	○	○	○	

編號	活動名稱	活動內容	2006	2007	2008	2009	2010	2011	2012	2013	2014	2015	2016	2017	備註
		點，內容包括各鄉鎮農會商品促銷、樂團演出以及休閒旅遊展示等活動。													
11	國際文化藝術節	國家文化藝術基金會補助的地方文化藝術節慶活動。	○	○	○	○	○	○	△	○	◎	○	○	○	2006、2007年福爾摩沙藝術節。
12	臺灣藥草節	臺灣藥草節以藥草的故鄉在臺東等活動，推動藥草膳美食、藥草養生比賽、神農祭典、藥草專題演講論壇及藥草農特產展銷等活動。	○	○	○	○	○	○	△	○	○	×	○	×	2008臺灣藥草節在臺東藥草故鄉系列活動。
13	金山萬里溫泉季	以臺灣溫泉美食嘉年華為主軸的地方型溫泉推廣活動。	○	○	○	○	○	○	○	○		○	○	○	

編號	活動名稱	活動內容	2006	2007	2008	2009	2010	2011	2012	2013	2014	2015	2016	2017	備註
14	新竹縣國際花鼓藝術節	以傳統客家民俗花鼓藝術為主軸,藉由國際交流及民間參與推動地方藝文活動。	○	○	○	○	○	○	△	○	○	○	○	○	
15	三芝鄉支白筍水車文化節	以地方支白筍和水車文化結合的產業推動節慶。	○	○	○	○	○	○	△	○	×	×	○	○	2011 新北市三芝支白筍水車文化節。
16	草嶺古道芒花季	觀光局推動草嶺古道生態觀光遊程活動,內容包括拓碑、捏麵人及葉脈標本製作等。	○	○				○	△	○	○	○	○	○	
17	苗栗客家美食節	以推動客家飲食文化為主軸的地方計畫,內容包括地方美食展、客家美食餐廳認證、和客家便當宣導等。	○	○	○	○	○	○	△	○	○	○	○	○	2007 苗栗銅鑼杭菊・芋頭節。 2008 輕安客家文化節。

編號	活動名稱	活動內容	2006	2007	2008	2009	2010	2011	2012	2013	2014	2015	2016	2017	備註
18	泰雅巨木嘉年華	結合尖石鄉巨木群生態觀光、溫泉旅遊，以及泰雅部落導覽活動。	○	×	×	×	×	×	×	×	×	×	×	×	
19	花蓮石雕藝術季	花蓮縣政府2001年開始辦理的石雕藝術活動，內容包括藝品展售、石雕競技、漂流木展示、傳統服飾（銀飾、頭飾）展覽活動。	○	○	○	○	○	○	○	○	○	○	○	○	2011花蓮國際石雕藝術季。

備註（編號18上方）：2008苗栗文藝季美食嘉年華。2009～2011苗栗市客家粄仔節。2016苗栗風箏文化暨客家美食節。2017苗栗國際風箏節暨客家美食。

編號	活動名稱	活動內容	2006	2007	2008	2009	2010	2011	2012	2013	2014	2015	2016	2017	備註
20	花蓮觀光月系列活動	結合花蓮當地旅遊資源辦理的大型觀光活動，內容有原住民創意歌舞、踩街嘉年華等地方特色活動。	○	○	○	×		×	×	○	○	○	○	○	2008花蓮水舞、原住民豐年節、花蓮石藝嘉年華及推出金針花季；之後更名、打散到12個月中舉辦。
21	東海岸旗魚季	臺東縣政府於成功鎮海濱公園舉行的產業活動，內容包括餐飲品嚐、麻荖、漏懷舊展、鏢旗魚體驗活動等。	○	○	○	○	○	○	△	○	○	○	○	○	
22	澎湖風帆觀光節	主要以風帆競技為主的觀光旅遊活動。	○	○		⊙	×		×	×	×	×	×	×	2009亞洲盃澎湖風浪板競速賽。

編號	活動名稱	活動內容	2006	2007	2008	2009	2010	2011	2012	2013	2014	2015	2016	2017	備註
23	金門鸕鷀季	以金門生態旅遊為主的觀光活動。	○	○	○	○	○	○	△	○	○	○	○	○	2017 年金門采風季。
24	萬金聖誕季	屏東縣政府以教堂聖誕佈置、宗教習俗和在地文化的觀光活動。	△	△	△	△	△	○		○	○	○	○	○	
25	新北歡樂耶誕城	新北市政府透過新板特區都會意象，結合耶誕活動辦理的節慶。								○	○	○	○	○	

（依據交通部觀光局未發表資料：95 年（2006 年）臺灣地區大型地方節慶表、96 年（2007 年）臺灣地區地方觀光節慶活動表、2008 臺灣觀光節慶賽會活動表及 2009 臺灣觀光節慶賽會活動表整理。符號○：代表舉辦。×：代表停辦。△：代表尚未公告。本表以中華傳統節日、地方宗教慶典、地方新興產業觀光活動資料整理為主，未納入運動競技活動、商業博覽活動。資料以 2006 年 1 月～2017 年 12 月官方統計資料為準，活動主辦與否以主辦單位公告為準。）

參考書目

1. 丁世良、趙放，1995，《中國地方志民俗資料彙編》，北京：書目文獻出版社。

2. 丁誌鮫、陳彥霖，2008，〈探討臺灣地方節慶觀光活動永續發展的影響因素〉，《臺灣地方鄉鎮觀光產業發展與前瞻學術研討會論文集》，頁181～202。

3. 方偉達，2010，《國際會議與會展產業概論》，臺北：五南出版社。

4. 交通部觀光局，2003，《92年觀光年報》，臺北：交通部觀光局。

5. 李霖生，2002，《周易神話與哲學》，臺北：臺灣學生書局。

6. 韋慶遠、柏樺，2005，《中國政治制度史》，北京：中國人民大學出版社。

7. 郭錫良，2005，《漢語史論集（增補本）》，上海：商務印書館。

8. 馬如森，2007，《殷墟甲骨文》，上海：上海大學出版社。

9. 張傑，1993，《中國傳統文化》，武漢：武漢大學出版社。

10. 陳炳輝，2008，《節慶文化與活動設計》，臺北：華立出版社。

11. 陳柏州、簡如邠，2005，《臺灣的地方新節慶》，臺北：遠足文化事業股份有限公司。

12. 黃丁盛，2005，《臺灣的節慶》，臺北：遠足文化事業股份有限公司。

13. 劉德謙、馬光復，1983，《中國傳統節日趣談》，石家莊：河北人民出版社。

國家圖書館出版品預行編目資料

圖解：節慶觀光與民俗：SOP標準流程與案例分
析／方偉達著. －－三版. －－臺北市：五南，
2018.02
　　面；　公分
　　ISBN 978-957-11-9591-9（平裝）

1.節日 2.民俗活動 3.文化觀光 4.臺灣文化

733.4　　　　　　　　　107001308

1L85　觀光書系

圖解：節慶觀光與民俗
SOP標準流程與案例分析

作　　者 — 方偉達（4.4）

發 行 人 — 楊榮川

總 經 理 — 楊士清

副總編輯 — 黃惠娟

責任編輯 — 蔡佳伶　簡妙如

版式設計 — 呂靜宜

插　　畫 — 俞家燕

封面設計 — 黃聖文

出 版 者 — 五南圖書出版股份有限公司

地　　址：106台北市大安區和平東路二段339號4樓

電　　話：(02)2705-5066　　傳　　真：(02)2706-6100

網　　址：http://www.wunan.com.tw

電子郵件：wunan@wunan.com.tw

劃撥帳號：01068953

戶　　名：五南圖書出版股份有限公司

法律顧問　林勝安律師事務所　林勝安律師

出版日期　2013年11月初版一刷
　　　　　2016年 1 月二版一刷
　　　　　2018年 2 月三版一刷

定　　價　新臺幣380元